Standardmerkmale der Englischen Bulldogge

(Auszüge aus dem gültigen FCI-Standard)

Gewicht
Rüden 25 kg, Hündinnen 22 kg.

Körper
Brust breit, an den Seiten rund, vorstehend und tief. Rücken kurz und kräftig, an den Schultern breit und im Lendenbereich vergleichsweise schmaler.

Rute
Tief angesetzt, an der Wurzel ziemlich gerade heraustretend und dann nach unten gebogen. Rund, glatthaarig und ohne Fransen oder grobe Behaarung.

Hinterhand
Hinterläufe starkknochig und muskulös, vergleichsweise länger als Vorderläufe, wodurch die Lendenpartie erhöht wird.

Haarkleid
Von feiner Struktur, kurz, dicht und glatt (hart nur infolge der Kürze und Dichte, jedoch niemals borstig).

Fellfarbe
Einfarbig oder einfarbig mit schwarzer Maske. Farben (stets kräftig und rein in ihrer Art): Gestromt, Rot in allen Schattierungen wie Rehbraun, Falbenfarben, Fahl usw., Weiß und Gescheckt (das heißt Weiß in Kombination mit jeder der oben genannten Farben). „Dudley" (das heißt mit unpigmentierter Nase), Schwarz und Schwarz mit Braun sind höchst unerwünscht.

Pfoten
Vorderpfoten gerade und ganz wenig auswärts gestellt, von mittlerer Größe und mäßig rund. Hinterpfoten rund und kompakt, Zehen kompakt und dick, gut voneinander getrennt und gut aufgeknöchelt.

Englische Bulldogge

◇

Michael Dickerson

Inhaltsverzeichnis

9
Die Geschichte der Englischen Bulldogge

Auch kurz als Bulldogge bekannt, hat sich diese Rasse nach nahezu fünf Jahrhunderten von einem Kampfhund weiterentwickelt. Folgen Sie der Englischen Bulldogge auf ihrem Weg zu einem respektablen und ausgeglichenen reinrassigen Hund bester Qualität.

33
Der Standard der Englischen Bulldogge

Informieren Sie sich durch das Studium der Beschreibung der Rasse und des Rassestandards über die Ansprüche an eine Englische Bulldogge aus guter Zucht. Hier finden Sie die Schlüsselmerkmale, die sowohl Ausstellungs- als auch Haushunde dieser Rasse aufweisen müssen.

28
Der Charakter der Englischen Bulldogge

Die Liebe der Englischen Bulldogge zu Menschen, ihre ruhige Natur und ihr ausgeglichenes Temperament machen sie zu einem bevorzugten Haushund und Gefährten. Einzigartig in ihrem Aussehen und Verhalten, besitzt die Englische Bulldogge viele faszinierende Eigenschaften.

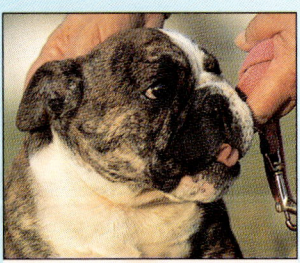

39
Ihre Englische Bulldogge als Welpe

Lassen Sie sich bei der Auswahl eines guten Züchters und eines Welpen beraten. Informieren Sie sich über die Verantwortung eines Hundehalters sowie über die notwendigen Vorbereitungen zu Hause, die Eingewöhnung und die Vermeidung häufiger auftretender Gesundheitsprobleme.

65
Die tägliche Pflege Ihrer Englischen Bulldogge

In diesem Kapitel finden Sie Hinweise und Überlegungen zur Ernährung, zur Bewegung und Körperpflege, zu Reisen und zur Identifikation Ihres Hundes. Sie erhalten Tipps zur Pflege Ihrer Englischen Bulldogge in allen Entwicklungsstufen.

PraxisRatgeber
Englische Bulldogge
ISBN-10:3-89860-008-4
ISBN-13:978-3-89860-008-8

bede-Bestell-Nr. PR 045

bede

80

Die Erziehung Ihrer Englischen Bulldogge

Charlotte Schwartz
Informieren Sie sich über die Bedeutung einer Ausbildung Ihrer Englischen Bulldogge, angefangen mit der Stubenreinheit. Lernen Sie die Entwicklung eines jungen Hundes und die Grundlagen des Gehorsamstrainings zu verstehen („Sitz", „Bleib", „Platz", etc.).

138

Ihre Englische Bulldogge auf Austellungen

Machen Sie sich mit der Welt der Hundeausstellungen und den unterschiedlichen Ausstellungsarten bekannt. Lernen Sie, was einen Champion ausmacht und was es an verschiedenen Ausbildungsmöglichkeiten für einen Hund gibt, wie z. B. das Arbeitshund- und Agility-Training.

Fotonachweis

Norvia Behling	Dr. Dennis Kunkel
Carolina Bio Supply	Mikki Pet Products
Doskocil	Dr. Robert L. Peiffer, Jr.
Isabelle Francais	Phototake
James Hayden-Yoav	Jean Claude Revy
James R. Hayden, RBP	Dr. Andrew Spielman
Carol Ann Johnson	Nikki Sussman
Alice van Kempen	C. James Webb
Dwight R. Kuhn	

Illustrationen Renée Low
Der Verlag bedankt sich bei Anna M. Benedetto, Sena & Chris Clark, Marge Deyorra, Judith Ann DomPieri, Ernest F. Hubbard, Bill Luckey, Tom und Rose Patterson, Patricia J. Ryan, Mildred Watkins, Elaine Williams und allen anderen Haltern, deren Hunde in diesem Buch Erwähnung finden.

131

Ihre ältere Englische Bulldogge

Erkennen Sie die verhaltensbedingten sowie die medizinischen Veränderungen einer alternden Englischen Bulldogge. Entwickeln Sie gemeinsam mit Ihrem Tierarzt ein „Seniorenpflegeprogramm" und machen Sie sich mit den Vorbereitungen zur letzten Entscheidung vertraut.

Register   156

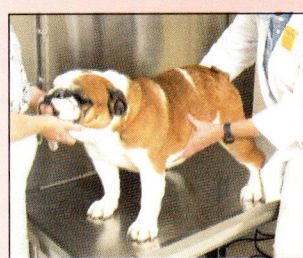

104

Die Gesundheit Ihrer Englischen Bulldogge

Lassen Sie sich bei der Auswahl eines Tierarztes und der Gesundheitsvorsorge für Ihre Englische Bulldogge beraten. Sie finden Informationen über Impfungen, Hautprobleme, den Umgang mit Innen- und Außenparasiten sowie über andere Beschwerden, unter denen Ihr Hund leiden kann.

144

Das Verhalten der Englischen Bulldogge

Lernen Sie häufiger auftretende Verhaltensprobleme der Englischen Bulldogge zu erkennen und zu handhaben, wie beispielsweise die Aggression gegen Menschen und andere Hunde, Kauen, Bellen, Aufreiten, Graben, Hochspringen, usw.

Obwohl sich die Rasse während ihrer Entwicklung stark verändert hat, ist die Bulldogge in England immer noch ein beliebter Hund. Heute konzentrieren sich die Züchter auf einen gesunden und liebenswerten Familienhund.

Die Geschichte der Englischen Bulldogge

Es geschieht ziemlich häufig, dass sich eine Hunderasse über einen ausgedehnten Zeitraum zu einem völlig anderen Typ entwickelt als dem, den sie Hunderte oder vielleicht sogar Tausende von Jahren vorher verkörpert hat. Es wäre genaugenommen sogar sehr ungewöhnlich für eine Rasse, wenn sie sich in keinsterweise im Verlauf ihrer Entwicklungsgeschichte in Typ und Temperament überhaupt nicht verändern würde. Die Entwicklung der Englischen Bulldogge liefert dafür das beste Beispiel.

Die Englische Bulldogge, auch bekannt als Bulldogge, hat sich seit ihrer Entste-

Seit etwa 1920 erinnert man sich an Mr. Roddys berühmte Bulldogge Ch. Basford Revivue. Ihr exquisiter Kopf war nicht so übertrieben wie bei vielen heutigen Englischen Bulldoggen.

Eine berühmte Gravur der Englischen Bulldoggen Crib und Rosa von John Scott von etwa 1817.

hung in bemerkenswerter Weise verändert. Obwohl einige ursprüngliche Merkmale auch noch in der heutigen Rasse vertreten sind, hatten die Exemplare des 13. Jahrhunderts nichts mit den Hunden, die wir heute als Haushunde und aus dem Ausstellungsring kennen, gemeinsam. Historiker sind sich ziemlich sicher darin, dass sich die Rasse aus altertümlichen Kriegshunden oder anderen Typen

Wussten Sie schon?

In früheren Zeiten waren die Englischen Bulldoggen etwas kleiner, und das Durchschnittsgewicht lag bei nur 18 kg. Heute sind sie etwas robuster. Rüden wiegen gewöhnlich 25, Hündinnen 22 kg.

1914 schuf der englische Hundemaler R. Ward Binks das Gemälde der sechs bekanntesten englischen Bulldoggen-Champions.

alter mastiffartiger Rassen entwickelt hat. Solche Kriegshunde wurden in Kriegszeiten von den Engländern eingesetzt und waren dem Besitz und den Viehherden ihrer Halter gute Beschützer. Andere glauben wiederum, dass der Ursprung der Rasse nicht eindeutig geklärt ist, und sind schnell dabei, auf die vielen Lücken in den mehr anerkannten Theorien hinzuweisen.

Um 1900 war Ch. Dame's Double ein herausragendes Exemplar der Rasse und Gewinner von 24 CC-Zertifikaten. Seine Halterin war Mrs. A.G. Sturgeon.

Werbung für einen Hunde-kampf 1819. Hundekämpfe waren, nach den Tagen der Bullenkämpfe, für die sportbe-geisterten Engländer der Zeitvertreib. Es wurden extrem kurzbeinige Bulldoggen bevorzugt, so dass ihre Bäuche keine An-griffsfläche boten.

A Grand Match at the Westminster Pit,

FOR 100 GUINEAS,

By 2 DOGS of 43-lb. weight each,

THE PROPERTY OF TWO SPORTING NOBLEMEN.

One, that famous

WHITE BITCH OF PADDINGTON,

Whose wonderful performances are so well known to the Fancy to require no further comment—the other

A BRINDLE DOG OF CAMBRIDGE,

A remarkable and well known favorite, as his fame bears ex-tensive proof —to fight from the scratch,

ON WEDNESDAY, 16th of JUNE, 1819,

at 6 o'clock in the evening precisely.—Doors open at half past 5.

Blossom Westall, der Haushund von Miss Dorothy Pearson. Sie war die welt-führende Golf-lady und hatte gerade die eng-lische Golfmei-sterschaft für Damen gewon-nen. Foto von etwa 1913.

Wie der „Bull" in die Englische Bulldogge geriet

Eine anerkannte Theorie besagt, dass die Englische Bulldogge ursprünglich von den Britischen Inseln stammt und generell als Kampfhund für den Bul-lenkampf gezüchtet wurde, einem sehr barbarischen Zeitvertreib, der in Eng-land ausgesprochen beliebt war. Der Bullenkampf wurde sogar derart po-pulär, dass er vom 13. bis etwa zum 18. Jahrhundert als englischer National-sport galt.

Bullenkämpfe wurden gewöhnlich im Rahmen von Boxkampfveranstaltun-gen abgehalten und in einer Arena aus-getragen, die wie ein Boxring mit Ban-den eingegrenzt war. Um dem Hund einen Vorteil zu verschaffen, wurde der Bulle an einen Strick gelegt, der an einem Haken im Boden befestigt war.

Eine Ätzung von E.C. Ash eines Bullenkampfes. Ein „Sport", bei dem Hunde einen rasenden Bullen an seiner Nase angreifen. Englische Bulldoggen mit kurzen Schnauzen und Unterbiss waren dafür die erste Wahl.

Dieser Sport bestand darin, dass ein Hund oder eine ganze Meute auf den Bullen losgelassen wurde, um diesen vor Tausenden von grölenden Zuschauern zu beißen und zu Boden zu zwingen. Die Nase galt als die empfindlichste und am meisten verletzliche Stelle des Bullen. Die Hunde waren deshalb speziell darauf trainiert, sich auf diese zu konzentrieren.

Wussten Sie schon?

Trotz und vielleicht auch wegen seiner Brutalität war der Bullenkampf während des 18. und 19. Jahrhunderts in England ein sehr beliebter Zeitvertreib. Der „Sport" verlangte eine um vieles mobilere und agilere Rasse als die Mehrzahl der Hunde, die wir heute kennen. Er diktierte Form und Funktion der Hunde, die „Kampfmaschine" war das Ideal.

Mr. George Creswells Ch. Hefty Master Grumpy galt als der ideale Hund dieser Tage (etwa 1915). Unglücklicherweise erstickte er in seinem Zwinger unter Postsäcken, die versehentlich über ihn geworfen worden waren. Sein Tod war ein großer Verlust.

13

Diese Kämpge waren eine grauenvolles Spektakel, und vielleicht gerade deswegen so populär. Es war nicht ungewöhnlich, dass während eines solchen Kampfes eine ganze Gruppe von Hunden schwer verletzt oder sogar getötet wurde. Oftmals wurden von den Zuschauern dieses geschmacklosen Theaters sogar Wetten abgeschlossen.

Die frühe Englische Bulldogge wurde als wilder, aggressiver Hund mit enormer Kraft und Furchtlosigkeit gezüchtet. Schönheit und Gestalt waren für die Bulldoggen-Züchter dieser frühen Epoche nur von geringer Bedeutung. Das Temperament dieser Rasse von gestern war Welten von dem liebevollen, treu-

Diese beiden Englischen Bulldoggen, Boomerang und Katerfelto, wurden 1893 geboren und gehörten Mrs. L. Crabtree. Ihr Vater war King Orry, und sie repräsentierten eine berühmte Zuchtlinie, die für ihre Größe, langen Schädel, gut hochgezogenen Unterkiefer und exzellente Rückenlinie bekannt war. Diese Zeichnung wurde von F.T. Daws speziell für *Hutchinson's Popular and Illustrated Dog Encyclopaedia* angefertigt.

Don Brae und Smasher (1876). Don Brae galt als die beste Englische Bulldogge unter 18 kg und gehörte Capt. Holdworth. Smasher wog 19.5 kg und hatte einen Halsumfang von 50 cm.

en Gefährten entfernt, der sich heute weltweit größter Beliebtheit erfreut.

Ein legendärer, vielseitiger Kampfhund

Es dauerte bis 1778, bis der Widerstand gegen die barbarische Natur der Bullenkämpfe endlich Gehör fand und der Graf von Devonshire aus Staffordshire Gegenmaßnahmen ergriff und dem grausamen Sport endgültig ein Ende setzte. Allerdings war das noch nicht das Ende für den Missbrauch von Eng-

Lady Vansittart, Frau von Sir Robert Vansittart, einem großen Tierliebhaber, hier in Denham Place, Bucks., mit ihrer Englischen Bulldogge zu sehen (1930er Jahre).

Englische Bulldogge

Ch. Novo Nivo war 1933 eine der besten Englischen Bulldoggen und gehörte Mrs. Shaw. Er gewann viele hohe Auszeichnungen. Man beachte die kräftigen Beine, den massiven Rücken, Kopf, Kiefer und Fang.

Sir Tristram repräsentierte 1933 den zu dieser Zeit gewünschten Eselrücken und guten Körperbau.

lischen Bulldoggen als Kampfmaschinen. Obwohl Bullen nicht länger als Gegner eingesetzt wurden, gab es weiterhin Kämpfe mit Ratten, Löwen, Affen, Bären, anderen Bullhunden und jedem anderen Tier, dessen die Engländer habhaft werden konnten. Es dauerte nicht lange, bis Hundekämpfe und Bärenkämpfe den Platz der früheren Bullenkämpfe einnahmen. Tatsächlich wurden diese „Sportarten" genauso beliebt, wenn nicht sogar noch beliebter. Bärenkämpfe wurden schnell zu einer der weitverbreitetsten Kampfarten mit Tieren. Letztendlich aber, vor allem aufgrund der hohen Kosten im Zusammenhang mit der Einfuhr von Bären, fand auch dieser Sport im 18. Jahrhundert sein Ende.

Nachdem die Bullen- und Bärenkämpfe abgeschafft waren, glaubten viele, dass dies auch das Ende der Rasse bedeuten würde. Glücklicherweise gab

1846 publizierte das berühmte Magazin *Punch* diese Karikatur. Die Unterschrift lautet „Mr. Punch besucht einen sehr bemerkenswerten Platz. Mr. Punch's Besuch bei Bill George in 'Canine Castle'".

Mitte 1930 waren diese vier Englischen Bulldoggen Sieger. Links oben Mr. George Roscoes My Lord Bill, rechts oben Mrs. Edwards Hündin Ch. Mountain Queen, links unten Mr. Barnards Ch. Keysoe Golden Sovereign und rechts unten Sir Tristram.

Wussten Sie schon?

Heute hat die Bulldogge nichts mehr mit dem wilden Hund von vor Hunderten von Jahren gemeinsam. Zu dieser Zeit war sie ein unnachgiebiger Kämpfer. Berichte erzählen von Bulldoggen, die noch am Maul des Bullen hingen, lange nachdem ihre Eingeweide von dem rasenden Tier herausgerissen worden waren. Viele Hunde starben bei diesem brutalen Sport, für den sie abgerichtet waren und der nach heutiger Auffassung als unethisch gilt.

es aber immer noch Hundeliebhaber, die ein Interesse am Fortbestand der Rasse hatten und sie zu einem wertvollen, rassereinen Hund entwickeln wollten. Diese Züchter richteten ihr Augenmerk auf die Entwicklung einer Rasse, die für das Familienleben geeignet war und sich darin gänzlich von dem streitsüchtigen Kampfhund unterschied. Es dauerte nicht lange, bis die Züchter von der Produktion von Kampfhunden auf die Zucht von Exemplaren für Ausstellungen und Leistungswettkämpfe wechselten.

Im späten 18. und frühen 19. Jahrhundert waren die Zuchtergebnisse im Ver

Englische Bulldogge

Eine Zeichnung des bekannten Tierkünstlers J. Nicholson für die *Hutchinson's Encyclopaedia* zeigt verschiedene Studien der Englischen Bulldogge.

gleich mit dem heutigen Standard noch von schlechter Qualität. Viele der Kampfhundeigenschaften waren nach wie vor im körperlichen Erscheinungsbild der Englischen Bulldoggen vorhanden. Sie hatten kleine Schädel, lange Schnauzen und keine Hautfalten auf dem Kopf oder im Gesicht. Sie waren extrem verkrüppelt und größtenteils von ausgesprochen schlechter Gesundheit.

Vom Kampfhund zum Ausstellungs- und Familienhund

Diese Mängel wurden erst von verantwortungsvollen Züchtern und Liebhabern beseitigt, als in England der erste offizielle Bulldoggen-Club gegründet

wurde. Noch lange vor der Gründung des KC (The Kennel Club of Great Britain), war der Bulldoggen-Club die erste Gruppe, die den Versuch einer Standardisierung der Rasse vornahm und 1859 die erste Englische Bulldoggen-Ausstellung organisierte. Jacob Lamphier legte 1864 die erste offizielle Standardbeschreibung der Englischen Bulldogge nieder, die allerdings erst 1879 gedruckt und veröffentlicht wurde. Der erste echte Standard war der *Philo Kuon*, der 1865 in London übernommen wurde. Viele der ersten Hunde im Ausstellungsring zeigten Spreizpfoten und gebogene Beine. Zu allem Überfluss war auch die Bewertung im Ausstel

Ch. Pugilist, hier mit seinem Porzellanmodell, gewann 30 CC-Zertifikate. Er stammt aus der Zucht von Mrs. B.J. Walz und wurde wegen seines exzellenten Körperbaus geschätzt (etwa 1930).

19

Englische Bulldogge

Sirloin von Pugilist wurde von Züchterin Mrs. Walz nach Amerika exportiert, wo er Einfluss auf die Entwicklung der Rasse nahm.

lungsring vergleichsweise schlecht und trug nichts zur körperlichen Entwicklung der Rasse bei. Auch heute noch gilt die Englische Bulldogge als ein Hund, der im Ausstellungsring schwer korrekt zu bewerten ist, und es sind lange, hingebungsvolle Jahre der Erfahrung für einen Richter vonnöten, um eine korrekte und gerechte Bewertung abzugeben.

Es ist nahezu unmöglich, die scheinbar endlose Liste der einflussreichen Züchter und Hunde aus England und Amerika aufzuführen, die in den letzten 200 Jahren für die Entwicklung der Englischen Bulldogge verantwortlich waren. Es sind mehrere Hundert. Einige der berühmtesten Hunde des späten 19. und frühen 20. Jahrhunderts haben immer noch einen Einfluss auf heutige Nachkommen, und viele der heutigen prämierten Zuchtrüden und rassereinen Exemplare sind auf sie zurückzuführen. Einige dieser einflussreichen Hunde waren: Monarch, Donald, King Dick, Old King Cole, Crib, Rosa, Thunder,

Ch. Cloverley Bright Star, Nachkomme von Mr. Palmers bekannter Champion-Hündin, war für die Englischen Bulldoggen Englands in den 1930er Jahren atypisch.

Sir Anthony, Brutus und Sancho Panza. Im 19. Jahrhundert galten zwei Hunde, Crib und Rosa, als die Grundlage des Standards der Englischen Bulldogge. Beide Hunde besaßen eine tiefe Brust, eine ungeheure Muskelkraft, einen gesunden Rücken und tief angesetzte Schwänze. Crib war ein weiß-gescheckter Hund, der in seinen Tagen als „Bester der Besten" galt. Er war vielfach talentiert und diente seinem Halter sowohl als Wachhund wie auch als Gefährte. Zu den berühmten Züchtern dieser Zeit gehörten unter anderen S.E. Shirley, G. Roper, R.J. Lloyd Price, Jesse Oswell, Mr. Clement und Mr. Henshaw. Im späten 19. Jahrhundert genossen Robert Hartley, Charles Hopton, Walter Jeffries und Sam Woodiwiss große Anerkennung und waren in Amerika und England als erfolgreiche Züchter bekannt.

James Hinks gebührt die Ehre, einer der ersten Aussteller gewesen zu sein.

Ch. Novonero war einer von Mrs. Shaws besten Hunden und zeigte einen schönen breiten Kopf, gut ausgewogenen Körper und eine korrekte Beinstellung.

21

Englische Bulldogge

Mitte des 19. Jahrhunderts wurden Kreuzungsversuche zwischen Englischen Bulldoggen und hochbeinigen Terriern unternommen, um eine aktivere Bulldogge zu erhalten. Hier drei Bulldoggen-Terrier-Kreuzungen mit kupierten Ohren, was zu dieser Zeit Mode war.

Hinks stellte über einen Zeitraum von vier Jahren – 1860 bis 1864 – aktiv Englische Bulldoggen aus. Eine der ersten Ausstellungen, an denen Hinks teilnahm, fand in der Birmingham Agricultural Hall statt. An dieser Ausstellung beteiligten sich 40 Englische Bulldoggen, unter denen sich auch der berühmte rote Hund King Dick befand, dessen Besitzer Jacob Lamphier war. King Dick konnte auf eine erfolgreiche Karriere als Ausstellungshund zurückblicken. Er wurde der erste Ausstellungschampion und die erste Englische Bulldogge, die offiziell im Zuchtbuch des Kennel Club registriert wurde. Der British Bulldog Club wurde 1864 von Mr. R. S. Rockstro ins Leben gerufen.

Der größte Teil des Englische Bulldoggen-Zuchtbestandes wurde nach Amerika exportiert, und es waren auch die Amerikaner, die auf die Entwicklung der Rasse in den Staaten den größten Einfluss nahmen. Die erste in Amerika ausgestellte Englische Bulldogge war Donald, der 1880 in New York Ausstellungsteilnehmer war. Er war ein weiß-gescheckter Hund, dessen Besitzer Sir William Verner war. Im Jahre 1888 wurde Robinson Crusoe der erste amerikanische Champion. Zehn Jahre später wurde der Bulldog Club of America gegründet. Heute zählt dieser Club ungefähr 3 000 Mitglieder.

Wie bei vielen anderen Rassen forderten die Auswirkungen des Ersten und Zweiten Weltkriegs auch von der Englischen Bulldogge ihren Preis. Bei Ausbruch des Ersten Weltkriegs lebten etwa 12 000 Englische Bulldoggen in

Ch. Guido galt um 1900 als die Englische Bulldogge mit dem perfektesten Körper. Zeichnung von E.C. Ash.

England. Zu Beginn des Zweiten Weltkriegs hatte sich die Englische Bulldoggen-Population auf 8 000 reduziert, und Hundeausstellungen waren generell abgeschafft worden. Zu den wenigen einflussreichen Zwingern die-

Englische Bulldogge

Int. Ch. Jasperdin von Din war Mrs. M.B. Montgomerys erster Hauptgewinner. Sie wurde eine sehr angesehene Englische Bulldoggen-Züchterin.

Ch. Pressgang um 1903. Er gilt als einer der Leithunde der Rasse und eine der bekanntesten Englischen Bulldoggen der Geschichte.

ser Zeit gehörten die Merstham-, Pearson- und Cloverleys-Zwinger. Mrs. Pearson vom Pearson Westall's Zwinger wurde 1936 zur ersten weiblichen Präsidentin des English Bulldog Clubs ernannt.

Nach dem Zweiten Weltkrieg tauchten viele neue Namen auf, die einen großen Einfluss auf die Rasse nahmen. Jack und Kathleen Cook konnten die Zucht der meisten Englischen Bulldoggen-Champions in England für sich verbuchen. Les und Ellen Cotton von den Ald-

rige-Zwingern waren für die Zucht von Ch. Aldrige Advent Gold verantwortlich. Dieser Hund wurde der Vater von neun englischen Champions.

Andere einflussreiche und gut bekannte Hunde waren Ch. Maelor Solorium, Ch. Prince of Woodgate und Ch. Noways Chuckley. „Chuckles" war die einzige Englische Bulldogge, die 1952 auf der Cruft`s-Ausstellung den Titel „Supreme Champion" gewann. Arthur Westlake, Dora und George Wakefield und Harold und Audie Hayball brachten viele exzellente Hunde hervor, die für immer ihren festen Platz in der Geschichte der Rasse haben.

Im frühen 20. Jahrhundert repräsentierte die Englische Bulldogge Oak Leaf den veränderten Stil der Rasse. Sie gilt auch heute noch als eine der Besten.

Lord Charles Bereford, einer der berühmtesten Admirale Englands, mit seiner bekannten Gruppe Bulldoggen.

Englische Bulldogge

Dieses schöne Ölgemälde von 1907 zeigt Ch. Silent Duchess.

Die meisten Spitzensiegerhunde und führenden Englische Bulldoggen-Zwinger haben ihren Ursprung in England. In den vergangenen Jahren hat die Beliebtheit der Englischen Bulldogge in Amerika langsam aber stetig zugenommen, was man auch von der Qualität der Hunde sagen kann.

Im Verlauf der letzten zehn Jahre sind in England und Amerika immer mehr neue Gesichter im Englische Bulldoggen-Ausstellungsring aufgetaucht. Viele verantwortungsbewusste Züchter produzieren Hunde von ausgezeichneter Qualität und etablieren somit hoch angesehene Zuchtlinien. Mehrere die-

Diese berühmte Zeichnung stammt von R. R. Reinagle und wurde 1803 im *Sportsman's Cabinet* publiziert.

ser Hunde haben sowohl im Ausstellungsring als auch außerhalb ausgezeichnete Leistungen gezeigt. Bill und Margaret Goodwin vom Britishpride-Zwinger haben zahlreiche Champions hervorgebracht, von denen der berühmteste Ch. Ocobo Royal Heritage of Britishpride war, der auf der British Bulldog Club Centenary Show den Titel „Bester Hund der Ausstellung" gewann. Pat und Norman Davis vom Ocobo-Zwinger hatten mit Ch. Ocobo Skipper und Ch. Ocobo Tully große Erfolge. Eini-

ge andere erwähnenswerte Züchter waren Brenda Price vom Esclusham-Zwinger und Peter und Jackie New von den New Rock-Zwingern.

In Deutschland findet man in der Wurfstatistik des Verbands für das Deutsche Hundewesen e. V. (VDH), dem deutschen Dachverband, jährlich im Schnitt über hundert Welpeneintragungen. Im Vergleich zu anderen Rassen ist dies eine recht geringe, aber doch konstante Zahl. Die Englische Bulldogge hat ihren festen Platz auch in Deutschland gefunden.

Diese 1892 publizierte Zeichnung zeigt die Englischen Bulldoggen Bathos, Holy Terror und Graven Image.

Der Charakter der Englischen Bulldogge

Ist die Englische Bulldogge der richtige Hund für Sie?

Seit ihren Tagen als Kampfhund hat die Englische Bulldogge einen langen Weg hinter sich. Es gibt vermutlich keine andere Hunderasse, die sich im Temperament und Verhalten dermaßen stark verändert und sich so in einen wunderbaren Familienhund und Gefährten verwandelt hat. Die Englische Bulldogge genießt die Gesellschaft von Menschen und ist dabei nicht wählerisch. Allerdings macht sie ihre treue Ergebenheit und die enge Bindung an Menschen zu einem schlechten Zwingerhund. Diese Rasse bevorzugt das Leben im Haus, verbringt die meiste Zeit in der Gesellschaft des Halters und mag die Isolation in einem Zwinger oder einer Hundehütte im Garten überhaupt nicht.

Englische Bulldoggen sind im Umgang mit Kindern sehr tolerante und geduldige Hunde, und sie lieben auch die Gesellschaft anderer Hunde und Haustiere. Sie gewöhnen sich eher schnell an Katzen und Vögel, und auch untereinander gibt es nur selten zu kämpferische Auseinandersetzungen. Kommt es dennoch zu Streitigkeiten mit Artgenossen, dann können allerdings eher ernste Kämpfe die Folge sein. Die Rasse verfügt über eine sehr starke Willenskraft und gibt nicht so schnell nach.

Englische Bulldoggen sind sehr intelligente, ruhige und liebevolle Hunde, die nicht oft bellen, dafür aber ziemlich laut schnarchen und rülpsen. Erstaunlicherweise empfinden viele Halter das Schnarchen als nicht störend und nehmen es nach einer gewissen Zeit gar nicht mehr wahr.

Die Englische Bulldogge passt sich problemlos an das Leben in einer Wohnung an, auch wenn ihr ein Haus mit einem großen Garten und viel Platz zum Herumstromern natürlich noch besser zusagt. Sie besitzt keinen übermäßig starken Bewegungsdrang und ist mit täglichen kurzen Spaziergängen vollauf zufrieden. Sie gehört nicht zu den sehr aktiven Rassen, weshalb sie für jemanden, der einen Begleiter bei sportlichen Herausforderungen sucht, nicht geeignet ist. Sie bevorzugt die Entspannung in der Behaglichkeit ihres Heims, und stun-

Ein Bulldoggen-Welpe besitzt andere Merkmale als ein Samojede oder ein Yorkshire Terrier. Überdenken Sie die Wahl einer Englischen Bulldogge gut, bevor Sie sich entscheiden.

die Englische Bulldogge leidet mehr als andere unter derartigen Wetterverhältnissen. Ideal wäre eine klimatisierte Wohnung, aber ein gut belüfteter Raum ist während heißer Tagesstunden völlig ausreichend, wohingegen ein Platz im Freien ohne ausreichende Schattenflächen völlig ungeeignet ist. Andererseits liebt es die Englische Bulldogge, Sonnenbäder zu nehmen, solange die Außentemperaturen kühl genug sind, um sich dabei wohlzufühlen. Hunde, die über längere Zeit im Freien gehalten werden, sind darüber hinaus anfälliger

Die Englische Bulldogge ist ein friedliebender, bemerkenswerter Begleithund, der sich in der Gesellschaft seines Halters wohlfühlt.

denlanges Ballspielen ist so gar nicht ihre Sache. Die Englische Bulldogge ist eher für kurze Spielperioden zu haben und verlangt von ihrem Halter so viel Aufmerksamkeit und Gesellschaft, wie dieser nur aufbringen kann.

Aufgrund ihrer Körperform hat sie gelegentlich Probleme beim Atmen. Dies trifft besonders in heißen und schwülen Wetterperioden zu, weshalb alle anstrengenden körperlichen Aktivitäten generell auf die kühleren späten Nachmittagsstunden verlegt werden sollten. Keine Hunderasse sollte extrem hohen Temperaturen ausgesetzt werden, doch

Wussten Sie schon?

Zur Pflege der Bulldogge gehört auch das regelmäßige Säubern des Gesichts und der Hautfalten. In den Gesichts-

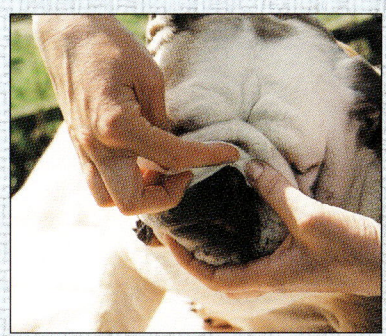

falten setzt sich schnell Schmutz fest. Das Gesicht wird einfach mit einem Lappen und warmem Wasser abgerieben. Tränenspuren sind nicht leicht zu entfernen und verlangen oft spezielle Hautpflegeprodukte vom Tierarzt oder aus der Apotheke.

Englische Bulldogge

für verschiedene Haut- und Atemwegsprobleme.

Eine Tatsache, über die sich ein angehender Halter unbedingt im Klaren sein
muss, ist der zwanghafte Kaudrang dieser Hunde, der sich nicht nur auf Jung-
hunde beschränkt. Es ist wichtig, dass

Wussten Sie schon?

Trotz ihres Kampfhund-Erbes ist die
Bulldogge heute für ihre Liebens-
würdigkeit und Verträglichkeit mit

anderen Hunden und Haustieren bekannt. Die Rasse liebt die Gesellschaft
des Halters und anderer im Haushalt
lebender Tiere.

Sie Ihrer Englischen Bulldogge möglichst
viele Kauspielzeuge und Lederknochen
zur Verfügung stellen, mit denen sie sich
während Ihrer Abwesenheit beschäftigen kann.

Eine häufig von neuen Haltern gestell-
te Frage ist, welchem Geschlecht man
den Vorzug geben sollte. Bei den meisten
Rassen spielt diese Frage eine unterge-
ordnete Rolle, jedoch können bei der
Englischen Bulldogge die Rüden liebe-
voller sein. In erster Linie kommt es aber
auf Ihre persönliche Vorliebe und darauf
an, welche Pläne Sie mit Ihrem Hund
haben. Wollen Sie einen einfachen Familienhund und Gefährten haben? Besteht
vielleicht die Möglichkeit, dass Sie sich
für die Teilnahme an Ausstellungen oder
am Gehorsamstraining interessieren?
In jedem Fall sollten Sie Ihre Wünsche
und Vorstellungen mit dem Züchter
besprechen, denn das erleichtert ihm
die Aufgabe, einen zu Ihnen passenden
Hund auszusuchen. Vielleicht fertigen
Sie dazu eine Liste mit Fragen an, die Sie
dem Züchter dann vorlegen können.

Bei der Englischen Bulldogge sind viele
verschiedene Farbvarianten vertreten.
Die beliebtesten Farben sind Weiß, Rot
und Weiß, Weiß-gestromt, Weiß-ge-
scheckt, Rehbraun und einfarbig mit
schwarzer Maske. Wenn es zur Qualität
des Hundes kommt, ist die Farbe allerdings von untergeordneter Bedeutung.
Obwohl es wichtig ist, einen dem Rassestandard entsprechenden Hund zu finden, hängt die Wahl in erster Linie von
Ihrem persönlichen Geschmack und
Ihren Ansprüchen ab. Sie sollten sich aber
in jedem Fall auf die Empfehlungen und
die Erfahrung des Züchters verlassen. Er

große Rolle. Sie sollten Ihre Englische Bulldogge gesund ernähren, ihr ausreichend körperliche Pflege angedeihen lassen und stets mit dem Impfplan auf dem Laufenden sein. Mit einigen Gesundheitsprobleme der Englischen Bulldogge, die teils genetisch bedingt sind, sollten Sie sich vertraut machen. „Kirschauge" ist die Bezeichnung für das Anschwellen der Nickhautdrüse, was bei der Englischen Bulldogge häufiger vorkommt. Im Gegensatz zum menschli-

Der Unterbiss und die nach oben gebogene Nase sorgen bei vielen Englischen Bulldoggen für Gesundheitsprobleme. Besprechen Sie diese Dinge mit dem Züchter.

kennt seine Hunde und kann somit die voraussichtliche Entwicklungsrichtung eines Welpen besser einschätzen.

Überlegungen zur Gesundheit Ihrer Englischen Bulldogge

Unterschiedliche Hunderassen leiden unter unterschiedlichen Gesundheitsproblemen, und jeder angehende Halter sollte über die spezifischen Probleme seiner Rasse informiert sein. Das soll nicht heißen, dass man sich besser keinen Welpen anschafft, es sollte vielmehr als Hilfestellung für den Halter dienen, um die bestmögliche Vorsorge für die Gesundheit seines Hundes treffen zu können. Einige Rassen leiden unter mehr genetisch bedingten Gesundheitsproblemen als andere. Generell sind Englische Bulldoggen sehr gesunde Hunde, jedoch spielen eine gesunde Ernährung, Bewegung und geeignetes Konditionstraining bei der körperlichen Stabilität und Entwicklung der Rasse eine

Wussten Sie schon?

Die Zucht von Englischen Bulldoggen sollte verantwortungsbewussten und erfahrenen Menschen überlassen

werden. Englische Bulldoggen sind nicht einfach aufzuziehen und verlangen viel Erfahrung. Ein durchschnittlicher Bulldoggenwurf umfasst etwa fünf bis sieben Welpen. Berichten zufolge wurden aber auch schon Würfe von bis zu 16 Welpen gemeldet. Die Überlebenschancen eines Welpen aus solch einem großen Wurf sind in aller Regel aber sehr gering.

chen Auge verfügt das Hundeauge über ein sogenanntes drittes Augenlid, das sich im inneren Augenwinkel des Auges befindet. Glücklicherweise ist jeder erfahrene Tierarzt in der Lage, diese Drüse unter Narkose zu entfernen.

Entropium (Lideinstülpung) und Ektropium (Lidausstülpung) sind Probleme, die die Augenlider des Hundes betreffen. Beim Entropium rollt sich der obere oder untere Lidteil nach innen, wodurch die Wimpern das Auge reizen und Entzündungen auslösen. Ein Entropium ist das Gegenteil eines Entropiums, das Lid rollt sich also nach außen, was zum Reißen des unteren Lids führt. Dieser Zustand kann gewöhnlich ohne chirurgische Korrektur behoben werden.

Kurzschnäuzige Rassen habern manchmal ein verlängertes Gaumensegel. Dies verursacht Nasenausfluss und Schnaufen beim Atmen, denn der Atemweg ist durch das verlängerte Gaumensegel blockiert. Eine Englische Bulldogge, die unter diesem Problem leidet, atmet durch das offene Maul und schnarcht beim Schlafen. In den meisten Fällen kann eine chirurgische Korrektur Abhilfe schaffen.

Ellbogengelenksdysplasie (ED) und Kniescheibenverrenkungen sind ebenfalls von der Englischen Bulldogge bekannt. Es handelt sich um Erbkrankheiten, die Lahmheit und Abnormitäten im Bewegungsablauf zur Folge haben. Betroffene Hunde haben gewöhnlich erhebliche Schmerzen und werden folglich von Bewegungsunlust geplagt. Seriöse Züchter lassen ihre Hunde röntgenologisch untersuchen, bevor sie sie ins Zuchtprogramm einbeziehen. Obwohl ein künstliches Ellbogengelenk bei der ED eine Lösung sein kann, handelt es sich dabei um einen chirurgischen Eingriff, der sehr teuer und dessen Erfolg nicht hundertprozentig sicher ist.

Eine gesunde Englische Bulldogge hat kein Problem damit, an Blumen zu riechen. Verlängerte Gaumensegel können bei dieser Rasse zu Nasenausfluss und schwerem, geräuschvollem Atmen führen.

Der Standard der Englischen Bulldogge

Der FCI-Standard für die Englische Bulldogge

Allgemeine Erscheinung Kurzhaarig, untersetzt, eher tief gestellt, breit gebaut, kraftvoll und kompakt. Massiver Kopf, im Verhältnis zum Körper ziemlich groß. Kein Merkmal darf derart dominieren, dass die insgesamte Ausgewogenheit gestört wird oder der Hund verformt oder in seiner Bewegungsfähigkeit beeinträchtigt erscheint. Gesicht kurz, Fang breit, stumpf und nach oben gerichtet. Körper kurz, gut zusammengefügt, Gliedmaßen stämmig, gut bemuskelt und von starker Kondition. Hinterhand hoch und kräftig, aber im Vergleich zur schweren Vorderhand etwas leichter. Hündinnen nicht so großrahmig und stark entwickelt wie Rüden.

Merkmale Vermittelt den Eindruck von Entschlossenheit, Kraft und Aktivität.

Wesen Aufmerksam, kühn, loyal, zuverlässig, mutig, grimmiges Aussehen, aber liebenswürdig im Wesen.

Kopf und Schädel Kopfumfang groß, sollte (vor den Ohren gemessen) ungefähr der Schulterhöhe des Hundes entsprechen. Von vorne betrachtet erscheint der Kopf vom Kinn bis zum Scheitel sehr hoch, sehr breit und kantig. Sich neben den Augen ausdehnende, gut gerundete Backen. Von der Seite betrachtet

Der Rassestandard

Jeder Rassestandard beschreibt die körperlichen Merkmale und das Temperament der Rasse. Er malt ein Bild des idealen Vertreters einer Rasse und wird von Richtern, Ausstellern und Züchtern benutzt, um die Hunde zu bewerten und zu Zuchtzwecken auszuwählen. Richter messen jeden einzelnen Hund einer Ausstellung an dem Standard. Jeder Züchter sollte den Standard kennen und sich bemühen, diesem mit seinen Zuchtergebnissen so nahe wie möglich kommen. Der ideale Hund, wie ihn der Standard beschreibt, wird wahrscheinlich niemals gezüchtet werden – zumindest werden sich die Richter und Züchter wahrscheinlich nie einig darüber, denn trotz aller Klarheit lässt jeder Standard auch Raum für Interpretationen. Der erste englische Standard für die Englische Bulldogge wurde 1875 veröffentlicht. Seitdem gab es einige Revisionen. Die jüngste Version stammt aus dem Jahr 1986. Etliche andere Länder haben ihren eigenen Rassestandard für Englische Bulldoggen. Der Bulldog Club of America übernahm bei seiner Gründung 1890 den englischen Rassestandard.

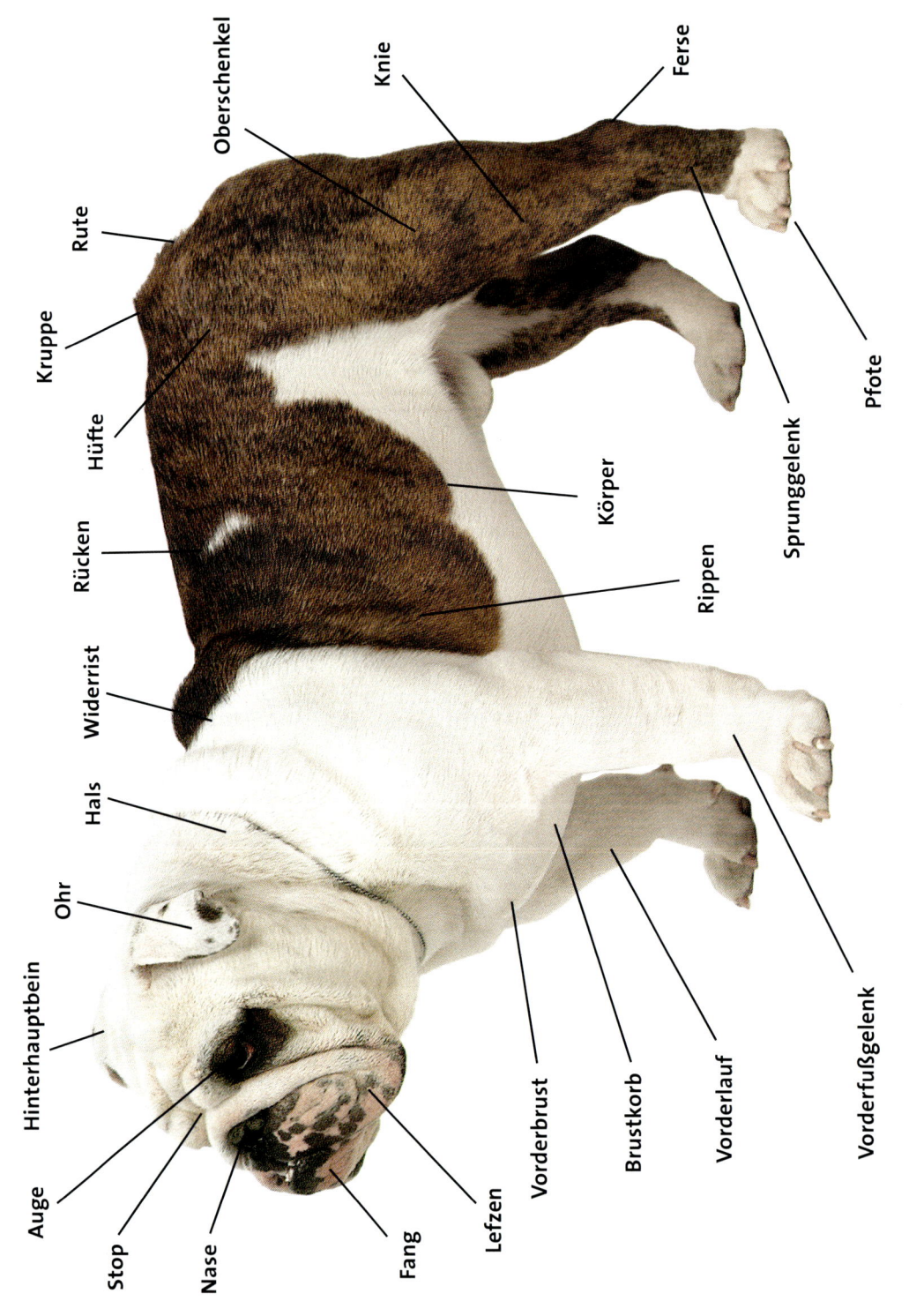

Oberschenkel

Knie

Ferse

Rute

Kruppe

Hüfte

Rücken

Widerrist

Hals

Ohr

Hinterhauptbein

Auge

Stop

Nase

Fang

Lefzen

Vorderbrust

Brustkorb

Vorderlauf

Vorderfußgelenk

Rippen

Körper

Sprunggelenk

Pfote

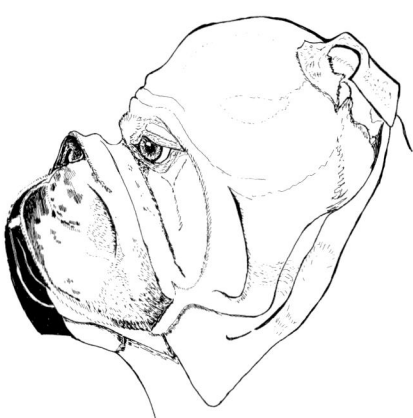

Nicht korrekter Kopf; gewölbter Schädel.

Korrekter Kopf.

erscheint der Kopf vom Hinterkopf bis zur Nasenspitze sehr hoch und kurz. Stirnpartie flach, lose Hautfalten auf und um den Kopf, die aber weder zu stark ausgebildet sind noch das Gesicht überlappen dürfen. Stirnknochen ausgeprägt, breit, quadratisch und hoch; tiefe und breite Einbuchtungen zwischen den Augen. Vom Stop verläuft eine breite und

tiefe Stirnfurche bis zum Scheitel, die bis zum Hinterhauptbein fühlbar ist. Gesicht vom vorderen Teil der Backenknochen bis zur Nasenspitze kurz und mit Hautfalten. Fang kurz, breit, aufwärts gebogen und vom Augenwinkel bis zum Lefzenwinkel sehr tief. Nase und Nasenlöcher groß, breit und schwarz, keinesfalls leberfarben, rot oder braun. Nasenspitze in Richtung der Augen zurückgesetzt. Abstand vom inneren Augenwinkel (oder von der Mitte des Stops) bis zur Nasenspitze nicht länger als jener von der Nasenspitze zum Rand der Unterlippe. Nasenlöcher groß und weit geöffnet, mit einer deutlichen, senkrechten, geraden Linie dazwischen. Lefzen dick, breit, hängend und sehr tief, den Unterkiefer seitlich, aber nicht vorne vollständig überlappend; vorne müssen die Lefzen bis zur Unterlippe reichen und die Zahnreihe vollständig bedecken. Kiefer breit, massiv und kantig. Unterkiefer vorne beträchtlich länger als der Oberkiefer und aufgebogen. Von vorne betrachtet müssen die verschiedenen Partien des Gesichtes beidseitig einer gedachten Mittellinie gleichmäßig ausgewogen erscheinen.

Augen Von vorne betrachtet tief unten im Schädel liegend, gut von den Ohren entfernt. Augen und Stop in einer geraden Linie, in rechtem Winkel zur Stirnfurche. Weit auseinander positioniert, jedoch die äußeren Augenwinkel noch innerhalb der äußeren Backenlinie liegend. Augenform rund, mäßig groß, weder eingesunken noch hervorstehend; Augenfarbe sehr dunkel - nahezu schwarz. Sie dürfen kein Weiß zeigen, wenn der Hund geradeaus sieht.

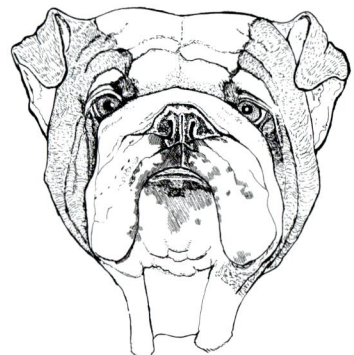

Unerwünschte Ohren.

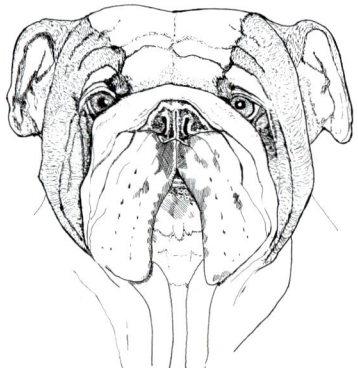

Unerwünschter Fang.

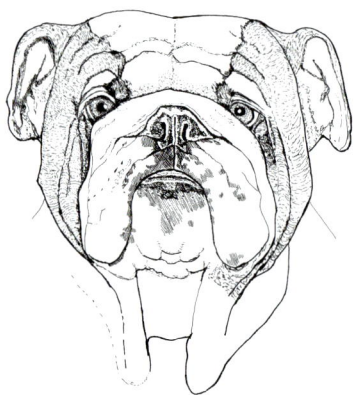

Korrekte Ohren und Fang.

Ohren Hoch angesetzt, so dass der Vorderrand der Ohren, von vorne betrachtet, die Fortsetzung der Außenlinie des Oberkopfes an seinem höchsten Punkt bildet. Sie sollen möglichst weit auseinander stehen, möglichst hoch über den Augen angesetzt und möglichst weit von diesen entfernt sein. Klein und dünn. „Rosenohren" sind korrekt, d.h. auf der Rückseite nach innen gefaltet und zurückgelegt, der obere oder vordere Ohrenrand fällt nach außen und hinten, das Innere der Ohrmuschel ist teilweise sichtbar.

Gebiss Kiefer breit und kantig, mit einer geraden Linie sechs kleiner Schneidezähne zwischen den Fangzähnen, die weit auseinanderstehen. Zähne groß und kräftig, bei geschlossenem Fang nicht sichtbar. Von vorne betrachtet steht der Unterkiefer direkt unter dem und parallel zum Oberkiefer.

Hals Von mäßiger Länge (eher kurz als lang), sehr dick, tief und kräftig. Gut gewölbte Nackenlinie mit viel losen, dicken Hautfalten im Kehlbereich, beidseitig vom Unterkiefer bis zur Brust eine Wamme bildend.

Vorderhand Schultern breit, schräg liegend und tief, sehr kraftvoll und muskulös und geben den Anschein, als wären sie seitlich des Körpers befestigt. Brustkorb geräumig, rund und vom oberen Schulterrand bis zum untersten Punkt des Brustbeins sehr tief. Gute Tiefe zwischen den Vorderläufen, mit großem Durchmesser, hinter den Vorderläufen rund (nicht flachrippig). Vorderläufe sehr stämmig und stark, gut entwickelt und weit auseinanderstehend, dick, muskulös und gerade. Die äußere Linie erscheint eher gewölbt, aber die Knochen sind stark und gerade, nicht krumm oder gebogen; im Verhältnis zu den Hinterläufen kurz, aber nicht so kurz, dass dadurch der Rücken lang erscheint oder die Aktivität des Hundes darunter leidet und er verkrüppelt wirkt. Ellbogen tief angesetzt, deutlich vom Brustkorb abstehend. Vordermittelfuß kurz, gerade und kräftig.

Rumpf Brustkorb breit, seitlich gerundet, ausgeprägt und tief. Rücken kurz und kräftig, an den Schultern breit und im Lendenbereich vergleichsweise schmaler. Unmittelbar hinter den Schultern ist der Rücken geringfügig eingesenkt (tiefste Stelle), von da an steigt die Wirbelsäule bis zu den Lenden an (wobei der oberste Punkt der Lendenpartie höher als die Schulter liegt), danach fällt die Oberlinie – einen Bogen bildend – zur Rute hin steiler ab („Eselrücken" genannt), was ein für diese Rasse charakteristisches Merkmal ist. Körper bis weit nach hinten gut aufgerippt; Bauch aufgezogen und nicht hängend.

Hinterhand Hinterläufe starkknochig und muskulös, vergleichsweise länger als Vorderläufe, wodurch die Lendenpartie erhöht wird. Sprunggelenke leicht gewinkelt, tiefstehend. Läufe von der Lende bis zum Sprunggelenk lang und muskulös, Hintermittelfuß kurz, gerade und stark. Kniegelenke rund und leicht

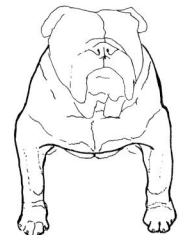 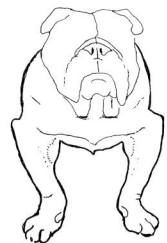

Korrekte Vorderhandstellung. · Unerwünschte Vorderhandstellung.

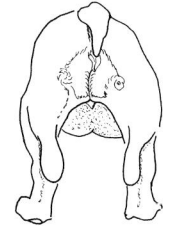 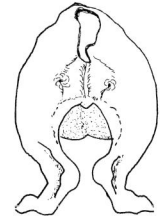

Korrekte Hinterhandstellung. · Unerwünschte Hinterhandstellung.

auswärts gedreht, wodurch sich die Sprunggelenke einander nähern und die Pfoten auswärts gestellt werden.

Pfoten Vorderpfoten gerade und ganz wenig nach außen gestellt, von mittlerer Größe und mäßig rund. Hinterpfoten rund und kompakt, Zehen kompakt und dick, gut voneinander getrennt und gut aufgeknöchelt.

Rute Tief angesetzt, an der Wurzel ziemlich gerade heraustretend und dann nach unten gebogen. Rund, glatthaarig und ohne Fransen oder grobe Behaarung. Mäßig lang – eher kurz –, am Ansatz dick und sich dann schnell zur Spitze verjüngend. Abwärts gerichtet (ohne aufwärts gerichtetes Rutenende) und nie über der Rückenlinie getragen.

Englische Bulldogge

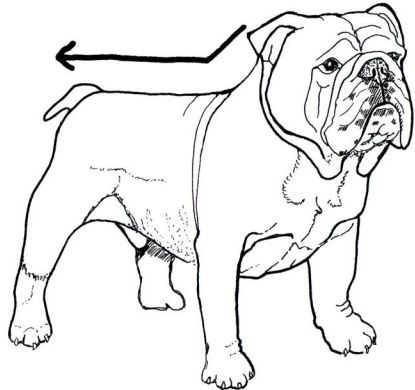

Unerwünschter Rücken mit gerader Linie.

Korrekter Rücken – die gewünschte Form bei dieser Rasse ist ein „Eselrücken".

Der Standard ist die Richtlinie für eine perfekte Englische Bulldogge. Ein solcher Hund existiert nicht, jedoch trachten die Züchter bei jedem Wurf danach, diese Perfektion zu erreichen. Der Ausstellungsring ist der Prüfstein des Zuchterfolges.

Gangart Vornehmlich schwer und gebunden, scheint mit kurzen, schnellen Schritten auf den Zehenspitzen zu gehen; hebt die Hinterläufe nicht vom Boden hoch, was aussieht, als würden sie über den Boden gleiten. Beim Laufen werden die Schultern abwechselnd etwas vorgeschoben.

Haarkleid Von feiner Struktur, kurz, dicht und glatt (hart nur infolge der Kürze und Dichte, jedoch niemals borstig).

Fellfarbe Einfarbig oder einfarbig mit schwarzer Maske. Farben (stets kräftig und rein in ihrer Art): Gestromt, Rot in allen Schattierungen wie – Rehbraun, Falbenfarben, Fahl usw. Weiß und Gescheckt (das heißt Weiß in Kombination mit jeder der oben genannten Farben). „Dudley" (das heißt mit unpigmentierter Nase), Schwarz und Schwarz mit Braun sind höchst unerwünscht.

Gewicht Rüden 25 kg, Hündinnen 22 kg.

Fehler Jede Abweichung von den vorgenannten Punkten sollte als Fehler angesehen werden, dessen Bewertung in genauem Verhältnis zum Grad der Abweichung stehen sollte.

Anmerkung Rüden sollten zwei offensichtlich normal entwickelte Hoden aufweisen, die sich vollständig in den Hodensack abgesenkt haben.

Ihre Englische Bulldogge als Welpe

Wo anfangen?

Wenn Sie davon überzeugt sind, dass die Englische Bulldogge der ideale Hund für Sie ist, stellt sich die Frage, wo Sie Ihren Welpen finden und worauf zu achten ist. Einen gerade zum Verkauf stehenden Wurf von Englischen Bulldoggen-Welpen zu finden, kann etwas dauern. Dennoch sollten Sie sich nur auf jene Züchter konzentrieren, die einen guten Ruf genießen. Sie suchen einen Züchter, der ein echter Liebhaber der Rasse ist und seine Zucht nach ethischen Grundsätzen betreibt. Ein angehender Hundebesitzer kann gar nicht genug Fragen stellen, und ein verantwortungsbewusster Züchter wird das zu schätzen wissen und gerne Rede und Antwort stehen. Ein solcher Züchter wird Ihnen einen seiner Welpen zu einem fairen Preis verkaufen, vorausgesetzt er erach-

tet Sie als einen geeigneten Halter. Er wird Ihnen auch nach dem Kauf jederzeit mit seiner Erfahrung und seinem Wissen zur Verfügung stehen und sei-

Wussten Sie schon?

Leider kommt es vor, dass Welpen von Menschen erworben werden, die sich der Zeit, die sie investieren müssen, und der Verantwortung, die sie übernehmen, nicht bewusst sind. Der Welpe leidet darunter, wenn er dann sich selbst überlassen wird. Wenn Sie Ihre „Hausaufgaben" gemacht und alles für die Ankunft Ihres Welpen vorbereitet haben, profitieren Sie beide davon. Je besser Sie informiert sind und je genauer Sie wissen, was Sie alles erwarten könnte, je besser Sie auf die Höhen und Tiefen der Hundehaltung vorbereitet sind, desto besser wird Ihr Welpe sich entwickeln. Im Umgang mit dem Welpen muss jeder im Haus sein Möglichstes beitragen. In Vorfreude auf den Welpen fallen oft Versprechungen der Familienmitglieder wie „Ich werde ihn täglich ausführen, ich werde ihn füttern, ich werde ihn erziehen" und viele weitere Zusagen. All diese Dinge kosten viel Zeit und Mühe.

Ein Bulldoggen-Welpe (rechts) mit seinem französischen Bulldoggenfreund. Man beachte die großen fledermausartigen Ohren der Französischen Bulldogge, die ausgewachsen deutlich kleiner als die Englische ist.

nen Hund auch in jedem Fall zurücknehmen, wenn Sie nach dem Kauf feststellen, dass die Englische Bulldogge doch nicht die richtige Rasse für Sie ist. Bei der Auswahl eines Züchters ist dessen Ruf von größerer Wichtigkeit als die Nähe seines Zwingers. Lassen Sie sich nicht zu sehr von Züchtern beeindrucken, die aufwendige Annoncen aufgeben, in denen sie mit ihren Champions und Titeln prahlen. Die wirklich guten Züchter veranstalten nur wenig Wirbel um die Qualität ihrer Hunde und halten sich eher im Hintergrund. Sie finden sie auf Ausstellungen oder Wettbewerben und durch Mundpropaganda zufriedener Käufer.

Auch sollten Sie von einem Anfänger in der Englischen Bulldoggen-Zucht Ab-

stand nehmen, selbst wenn er nur wenige Kilometer von Ihnen entfernt wohnt. Ein Neuling muss nicht die schlechteren Hunde haben, aber seine mangelnde Erfahrung spricht gegen ihn. Er wird Ihnen das gleiche Geld abnehmen wie ein bereits eingefahrener Züchter, obwohl ihm das Wissen und die jahrelange Erfahrung fehlen.

Die Auswahl des Züchters ist der erste wichtige Schritt zur Hundehaltung. Glücklicherweise sind die meisten Englischen Bulldoggen-Züchter verantwortungsbewusste Menschen, denen das Wohl der Rasse am Herzen liegt. Es sollte für Sie demnach nicht allzu schwierig sein, einen guten Züchter zu finden. Ihr zuständiger Zuchtverband ist gerne bereit, Ihnen bei der Suche mit Emp-

Die Auswahl eines Bulldoggen-Welpen sollte mit Bedacht geschehen. Ihr idealer Welpe ist gut sozialisiert und freundlich mit jedermann.

Achten Sie drauf!

Ihr Welpe sollte gut genährt und rund aussehen, jedoch ohne aufgeblähten Bauch. Dies kann auf einen Wurmbefall hindeuten oder auf einer falschen Ernährung beruhen. Der Körper sollte sich stramm und fest anfühlen. Die Haut sollte rosig sein und sauber, ohne Anzeichen von Kratzern oder Bisswunden. Kontrollieren Sie, ob sich an den Hinterläufen keine sogenannten Wolfskrallen befinden.

fehlungen, Adressen und Telefonnummern behilflich zu sein. Dort wird man auch anregen, dass Sie einige Ausstellungen besuchen, auf denen Sie die Englische Bulldogge in Aktion sehen und mit anderen Haltern und Züchtern reden können, um sich einen Eindruck über die Rasse zu verschaffen. Hier erfahren Sie bestimmt auch, welcher Züchter gerade einen Wurf hat oder in Kürze plant. Nachdem Sie mit einigen Züchtern Kontakt aufgenommen haben, ist es an der Zeit, sich deren Wurf anzuschauen. Denken Sie daran, dass viele gute Züchter Wartelisten haben und es manchmal bis zu zwei Jahren dauern kann, bis Sie einen Welpen erwerben können. Wenn Sie von dem auserwählten Züchter hunderprozentig überzeugt sind, sollten Sie warten, anstatt zu einem Züchter zu wechseln, der Ihnen nicht in jeder Hinsicht zusagt. Seien Sie nicht zu ungeduldig – wenn ein Züchter keine Warteliste oder Käufer für seinen Wurf hat, gibt es dafür sicher einen guten Grund.

Wahrscheinlich suchen Sie eine Englische Bulldogge als Familienhund und sind weniger an ihren Ausstellungsqualitäten interessiert. Wählen Sie einen freundlichen und attraktiven Welpen aus. Englische Bulldoggen haben in der Regel kleine Würfe mit etwa fünf Welpen, wodurch die Auswahl innerhalb eines Wurfes begrenzt ist. Während die körperlichen Merkmale der Rasse wenig variabel sind, kann das Temperament in bestimmten Zuchtlinien variieren. Halten Sie sich von scheuen oder aggressiven Welpen fern, und seien Sie bei nervösen besonders vorsichtig. Lassen Sie sich nicht durch Sentimentalitäten dazu verleiten, die schlechteste Wahl zu treffen.

Das Geschlecht Ihres Welpen ist eine Frage des persönlichen Geschmacks. Rüden lernen langsamer, haben aber ein besseres Gedächtnis. Der Größenunterschied ist sichtbar, aber gering. Die Färbung ist bei dieser Rasse von un-

Die Welpenauswahl

Die Wahl Ihres Welpen sollte sich nach Ihren Ansprüchen richten, jedoch sollte der Welpe stets einen vorzüglichen Charakter vorweisen. Kein Züchter kann eine Garantie dafür übernehmen, ob ein Welpe später Show-Qualitäten aufweist. Er kann mit seiner Erfahrung aber zumindest eine Einschätzung geben. Hüten Sie sich vor Züchtern, die dem Aussehen ihrer Hunde mehr Wert beimessen als ihrer Veranlagung und ihrem Charakter.

tergeordneter Bedeutung. Da die Würfe klein und die Aufzucht recht anspruchsvoll sind, haben kommerzielle „Hundevermehrer" wenig Interesse an der Rasse. Das ist bei der Auswahl hilfreich und stellt sicher, dass die meisten Welpen von einer gesunden Zuchtlinie und aus verantwortungsvollen Händen stammen.

Wichtige Dokumente

Sie erhalten zwei wichtige Dokumente von Ihrem Züchter:
Die Ahnentafel und den Impfpass. Der Welpe sollte in einem anerkannten Zuchtverein eingetragen sein. Für die Vorstellung auf einer Hundeschau sind die Abstammungspapiere Voraussetzung. Für etwaige Zuchtpläne sind sie unabdingbar.
Aus dem Impfpass können Sie ersehen, welche Impfungen der Züchter zu welchem Zeitpunkt durch den Tierarzt vornehmen ließ, und wann Sie Ihren Hund zur Nachimpfung vorstellen müssen.
Welpen ohne Abstammungsnachweis oder mit dubiosen Papieren sollten Sie nicht kaufen, da damit zu rechnen ist, dass der niedrigere Preis des Hundes sich für den „Züchter" nur durch Einsparungen bei der Gesundheitsfürsorge der Elterntiere rechnet. Die Ausgaben, die dann vielleicht bei den Welpen für den Tierarzt anstehen, machen Ihre „Einsparungen" meist schnell wieder zunichte.
Kaufen Sie Ihren Hund nur bei einem renommierten Züchter, der beim VDH gemeldet ist.

Wussten Sie schon?

Sie sollten noch nicht einmal darüber nachdenken, einen krank aussehenden, überaus ängstlichen oder nervösen Welpen zu kaufen. Die Welpen sollten spätestens nach einer halben Stunde mit Ihnen warm geworden sein.

Züchter erlauben ihren Kunden, einen Wurf im Alter von fünf oder sechs Wochen das erste Mal zu besuchen. Verkauft werden sie in einem Alter von acht oder neun Wochen. Ein Welpe muss die Gesetze im Rudel von seiner Mutter erlernen, und die Ausbildung, was erlaubt ist und was nicht, dauert gewöhnlich acht Wochen. In dieser Phase verbringt der Züchter möglichst viel Zeit mit den Welpen, damit sie sich rechtzeitig an den Umgang mit Menschen gewöhnen. Aufgrund des langen gemeinsamen Werdegangs von Hund und Mensch besteht zwischen ihnen eine natürliche Bindung, die aber stetig genährt werden muss. Ein gut sozialisierter Welpe will nichts weiter, als bei Ihnen sein und Sie erfreuen.

Die Verantwortung des Hundehalters

Nachdem all diese Faktoren ausreichend durchdacht wurden, haben Sie vermutlich bereits Ihre Wahl getroffen. Sie haben sich für eine Englische Bulldogge entschieden, was bedeutet, dass Sie genau wissen, welche Charaktermerkmale Sie an Ihrem Hund schätzen und welcher Typ am besten in Ihre Familie und zu Ihrem Lebensstil passt. Wenn Sie einen Wurf in Aktion beobachtet haben, wissen Sie bereits einiges über die Dynamik der Welpen und ihres Rudels und können sich so ein Bild über die individuelle Persönlichkeit der einzelnen Welpen machen. Vielleicht haben Sie sich sogar schon für einen entschieden.

Versicherungen

Eine Haftpflichtversicherung ist auch für einen kleinen Hund dringend anzuraten. Für alle Schäden, die Ihr Hund verursacht, haften Sie! Züchter mit mehreren Hunden können eine Zwingerhaftpflichtversicherung abschließen. Bitte beachten: Ein Hund ist nicht automatisch in der Privathaftpflicht- oder Hausratversicherung mitversichert!
Eine Hunde-Krankenversicherung kann Ihnen viel Geld ersparen. Vergleichen Sie die Leistungen der Gesellschaften, einige erstatten sogar anteilig die jährlichen Impfkosten.

Diese niedlichen Englischen Bulldoggen-Welpen sind mit einem Frenchie befreundet. Sie wachsen zusammen auf und bringen sich gegenseitig die Rudelordnung bei.

Englische Bulldogge

Der Besuch eines Wurfes kann sehr aufregend sein. Bereiten Sie sich mit einer Reihe von Fragen an den Züchter auf dieses Ereignis vor.

Aber auch wenn Sie noch nicht auf Ihre Englische Bulldogge gestoßen sind, ist das Beobachten von Welpen eine wertvolle Hilfe beim Erkennen bestimmter Verhaltensweisen, die Ihnen viel über das Temperament verraten. Sie werden feststellen können, welche Welpen zukünftige Rudelführer sein werden, welche weniger zugänglich, selbstsicher oder scheu, verspielt, freundlich oder aggressiver sind. Es ist jedoch ebenso wichtig, dass Sie zu erkennen lernen, wie ein gesunder Welpe aussehen und sich verhalten sollte. Alle diese Faktoren helfen Ihnen bei Ihrer Suche. Wenn Sie dann Ihrer Englischen Bulldogge begegnen, werden Sie sie sofort erkennen!

Wussten Sie schon?

Wenn der Züchter Ihnen eine Menge persönliche Fragen stellt, so geschieht dies nicht aus reiner Neugier, sondern aus der Besorgnis heraus, mit Ihnen auch die richtige Wahl für seinen Welpen getroffen zu haben.

Sich über die Rasse zu informieren, die Auswahl eines zuverlässigen Züchters und das Beobachten möglichst vieler Welpen sind allesamt wichtige Schritte, deren Einhaltung Sie als verantwortungsbewussten Halter auszeichnet. Es sieht zusammengenommen alles ziemlich mühevoll aus, vergessen Sie jedoch nicht, dass Sie gar nicht genug Vorsicht walten lassen können, wenn es darum geht, sich für eine Rasse zu entscheiden. Der Kauf eines Welpen sollte niemals ein Emotionskauf sein. Mit dem Kauf eines Welpen erwerben Sie ein neues Mitglied für Ihre Familie!

Nun werden Sie sagen, dass der Kauf eines Welpen doch auch Spaß machen und keine derart ernste und aufwendige Sache sein muss. Natürlich soll der Kauf auch Spaß machen! Andererseits sollten Sie nicht vergessen, dass ein Welpe kein kuscheliges Stofftier oder ein Dekorationsobjekt für den Garten, sondern ein Lebewesen mit Bedürfnissen und Gefühlen ist, das als gleichwertiges Familienmitglied behandelt werden will. Sie werden schnell feststellen, dass der Kauf eines Welpen ein durchaus erfreuliches und aufregendes Erlebnis ist, das man jedoch keinesfalls auf die leichte Schulter nehmen sollte. Und Sie werden genauso schnell erkennen, dass der erhoffte Spaß beginnt, sobald der Welpe seinen Einzug in sein neues Zuhause gehalten hat. Halten Sie sich stets vor Augen, dass ein Welpe nichts anderes als in Baby mit Fell ist – ein Baby, das in der Welt der Menschen völlig hilflos ist und sein Leben und Wohlergehen vertrauensvoll in die Hände seines Halters legt.

Diese Anforderungen gehen jedoch weit über Futter, Wasser und Schlafplatz hinaus, denn Ihr Welpe braucht Pflege, Schutz, Führung und Liebe. Wenn Sie sich all dem nicht gewachsen fühlen, sind Sie als Hundehalter ungeeignet. Vielleicht werden Sie dieses Buch nun mehr oder weniger erbost aus der Hand legen und sich fragen, wie weit es der Autor denn nun noch treiben will. Alle Ihre Nachbarn haben Hunde und scheinen keine derartigen Probleme zu haben. Warum also sollten Sie sich über all diese Dinge den Kopf zerbrechen? Das sollen Sie auch gar nicht, denn tatsächlich werden Sie feststellen, dass sich Ihr Welpe nach einer gewissen Eingewöhnungszeit in sein neues Heim auf ganz natürliche Weise in seinen Platz in Ihrer Familie einfügt. In jedem Fall aber hat es noch nie geschadet, die Verantwortung eines Halters deutlich zu unterstreichen. Mit etwas Zeit und Geduld ist die Aufzucht eines neugierigen und vor Lebensfreude sprühenden Englischen Bulldoggen-Welpen zu einem wohlerzogenen, angepassten erwachsenen Hund nicht allzu schwer. Der Aufwand und die Zeit wird Ihnen durch einen lebenslangen, liebevollen und treuen Freund gelohnt.

Vorbereitungen für den Einzug des Welpen

Das neue Zuhause und die neue Familie müssen sorgfältig auf das große Ereignis vorbereitet werden.
Genauso wie Sie ein Kinderzimmer für den Einzug eines Babys vorbereiten würden, müssen Sie auch für Ihren Welpen einen Platz auswählen, der ihm allein gehört und wo er sich wirklich wohl und sicher fühlen kann, und diesen den Anforderungen entsprechend vorbereiten. Wie diese Vorbereitungen aussehen müssen, hängt ganz davon ab, wieviel Freiraum Sie dem Welpen einräumen möchten.

Sie sollten sich stets darüber im Klaren sein, dass Sie Ihr Zuhause von nun an mit Ihrem Welpen teilen: Mein Heim ist auch dein Heim. Im Normalfall werden Sie ihm nicht gestatten, die Verfügungsgewalt über Ihre gesamte Wohnung zu übernehmen, jedoch ist es für seine Ent-

Ihr Lebensstil...

Die Haltung eines Hundes kann beträchtliche Probleme mit sich bringen, wenn Sie ein unstetes Leben mit unregelmäßigem Tagesablauf führen. Vergessen Sie nicht: Ein Hund muss regelmäßig gefüttert werden; er braucht

Ihre Zuneigung und muss sozialisiert werden. Vor allem muss er regelmäßig nach draußen, um sein Geschäft zu verrichten. Erst wenn der Hund älter ist, verkraftet er Abweichungen von der täglichen Routine.

wicklung zu einem ausgeglichenen und anpassungsfähigen Hund wichtig, dass er sich in seiner Umgebung wohl und sicher fühlt. Denken Sie stets daran, dass er nun die einzige Familie, die er bislang kannte, und somit auch seine kleine gewohnte, durch die Anwesenheit der Mutter und der Geschwister wärmende und schützende Welt verlassen muss. Es ist deshalb ausgesprochen wichtig, dass Sie ihm den Wechsel in eine neue Familie und fremde Welt so angenehm wie möglich machen. Durch die sorg-

fältige und wohlüberlegte Vorbereitung eines speziell für ihn bestimmten Plätzchens geben Sie ihm das Gefühl, in dieser fremden Umgebung herzlich willkommen zu sein. Es sollte somit nicht lange dauern, bis er sich an seine Umgebung gewöhnt hat, jedoch ist eine solch plötzliche Umsiedlung in jedem Fall ein traumatisches Erlebnis. Versuchen Sie sich vorzustellen, wie sich ein Kleinkind in einer solchen Situation fühlen muss – Ihr Welpe empfindet ebenso. Es ist Ihre Aufgabe, ihn davon zu überzeugen, dass er sich in seinem neuen Zuhause stets sicher und wohl fühlen kann.

Was muss angeschafft werden?

Die Hundebox

Jemandem, der mit dem Gebrauch von Hundeboxen nicht vertraut ist, mag das Einsperren eines Welpen in diese Box wie Tierquälerei erscheinen – dem ist jedoch ganz und gar nicht so. Hundeboxen sind keine Gefängnisse, sondern erfüllen bei der Erziehung eines Hundes eine Reihe von äußerst nützlichen Zwecken. Zum Beispiel ist das Boxentraining ein sehr beliebtes und erfolgreiches Verfahren, um einen Welpen zur Stubenreinheit zu erziehen. Eine solche Box stellt eine Sicherheitseinrichtung dar, wenn der Welpe allein in der Wohnung ist, und nicht zuletzt bietet sie ihm einen Platz, den er mit niemandem teilen muss und an dem er sich wohl und sicher fühlen kann. Eine Hundebox eignet sich bestens als Schlafplatz, an dem sich der Hund zusammenrollen und einkuscheln kann. Viele Hunde verbringen die gesamte Nacht in ihrer Box. Wenn

Futterkosten

Der Faktor „Futterkosten" sollte nicht unerwähnt bleiben. Jeder Hund benö-

tigt eine ausgewogene Ernährung, um gesund zu bleiben und die notwendige Muskelkraft und Knochenstabilität zu entwickeln. Eine unzureichende Ernährung kann schnell zu Haut- und anderen Gesundheitsproblemen führen.

diese mit weichen Decken ausgelegt ist und sich darin die bevorzugten Spielsachen Ihres Welpen befinden, wird sie bald zu seinem Lieblingsplatz werden. Wie seine wildlebenden Vorfahren sucht auch Ihr Welpe den Komfort und die Rückzugsmöglichkeit eines Baues – Sie bieten ihm mit der Box lediglich eine etwas luxuriösere Ausführung.

Für welche Art von Hundebox Sie sich entscheiden, bleibt völlig Ihnen überlassen. Die Standardausführungen gibt es aus Drahtgeflecht oder Fiberglas. Jede dieser beiden Ausführungen besitzt ihre Vor- und Nachteile. Beispielsweise ist die Hundebox aus Draht offener, erlaubt einen effektiveren Luftaustausch und einen besseren Rundumblick. Die Fiberglasausführung ist stabiler und kann auch als Transportbox auf Reisen dienen. Ein weiterer zu überlegender Punkt

ist die Größe. Eine kleine Box für einen Yorkie mag auch für einen jungen Englischen Bulldoggen-Welpen ausreichen, jedoch nicht für lange. Wenn Sie nicht ständig Geld für neue, größere Boxen ausgeben wollen, ist es das Beste, von vornherein eine zu wählen, die auch der später ausgewachsenen Englischen Bulldogge ausreichend viel Platz bietet. In diesem Fall wäre eine mittelgroße Box angebracht.

Decken

Eine oder zwei Decken in der Hundebox machen dem Welpen seinen Platz behaglich. Sie ersetzen die natürliche Lage aus Blättern, Zweigen und anderen Dingen, die zur Auspolsterung eines Baues dienen. So kann sich der Welpe in der Decke seine eigene Schlafkuhle „graben". Obwohl er sich entwicklungsmäßig bereits weit von seinen Vorfahren entfernt hat, ist der Instinkt immer noch genetisch verankert. Bis er von seiner Mutter und seinen Geschwistern getrennt wurde, konnte sich der Welpe zwischen ihnen einkuscheln und fühlte sich so warm und geborgen. Selbst wenn eine Decke nicht mit einem lebendigen, atmenden Körper verglichen werden kann, bietet sie doch zumindest Wärme und eine Möglichkeit zum Kuscheln.

Sie müssen die Decken Ihres Welpen regelmäßig waschen, denn besonders am Anfang wird es noch zu dem einen oder anderen „Unfall" in der Box kommen. Achten Sie also auf die Qualität und das Material. Außerdem ist eine Ersatzdecke stets von Vorteil, denn die Lebenserwartung dieses Zubehörs ist bei Welpen begrenzt.

Sie sollten Ihren Bulldoggen-Welpen bei sich willkommen heißen und ihm Zeit zur Eingewöhnung geben. Dieser hier fühlt sich offensichtlich bereits zu Hause.

Während der Erziehung zur Stubenreinheit sollten Sie Ihrem Welpen,

wenn er in einem Käfig schläft, nur einen Teil abgrenzen. Ein zu großer Freiraum könnte Ihren Trainingserfolg mindern. Der Welpe ist von Natur aus kein Nestbeschmutzer, und die Box ist sein Nest, das er sauber halten will. Ist der Käfig zu groß, wird er sich darin eine Ecke für sein Geschäft suchen, die weit genug von seinem Schlafplatz entfernt ist. Wächst Ihr Welpe zu einem erwachsenen Hund heran, können Sie den Platz wieder erweitern und ihm mehr Freiraum geben.

Zu Beginn bedarf dies manchmal ein wenig Überredungskunst. Hat sich der Welpe aber erst einmal an den Käfig gewöhnt, wird ihm dieser sehr schnell zu seinem Lieblingsplatz, und er fühlt sich geborgen.

Spielzeug

Ihr Tierfachhandel bietet eine große Auswahl an Hundeboxen an. Wählen Sie eine Größe aus, die auch Ihrem ausgewachsenen Hund gerecht wird.

Spielzeug ist für Hunde aller Altersgruppen ein absolutes Muss, besonders aber für neugierige und verspielte Welpen. Welpen sind die Kinder der Hundewelt, und welches Kind liebt kein Spielzeug? Kauspielzeuge sind für Hund und Halter am vorteilhaftesten – während sich der Welpe am Herumkauen auf seinem Spielzeug erfreut, genießt der Halter die Tatsache, dass sich sein Hund nicht an Möbeln, Teppichen und teuren Lederschuhen vergreift. Welpen lieben es einfach, auf Dingen herumzukauen. Tatsächlich ist das Kauen für Welpen während des Zahnens eine physische Notwendigkeit, die alles in ihrer Reichweite appetitlich erscheinen lässt. Alles, was sich in Ihrem Haushalt befindet – von antiken Möbeln bis hin zu Orientteppichen – verkörpert in den Augen Ihres zahnenden Welpen geeignetes Spielzeug. Wenn es darum geht, ihre Zähne im wahrsten Sinne des Wortes in etwas eingraben zu können, sind Welpen alles andere als wählerisch!

Englische Bulldoggen-Welpen sind sehr aktive Nager, weshalb für sie nur die härtesten und robustesten Spielzeuge infrage kommen. Züchter raten dazu, von Stofftieren Abstand zu nehmen, denn sie werden in Nullkommanichts zerfleddert. Der aufgeregte Welpe kann Teile der Füllung verschlucken, die weder verdaulich noch nahrhaft sind. Quietschende Gummispielzeuge erfreuen sich bei Welpen (weniger bei den Haltern), größter Beliebtheit, sind bei der Englischen Bulldogge jedoch ebenfalls zu meiden. Sie können eines davon vielleicht als Hilfsmittel beim Training benutzen, aber

Die Box für Ihren Welpen sollte so groß sein, dass er sie auch als ausgewachsener Hund benutzen kann.

zum Spielen sind sie ein Tabu. Wenn Ihr Welpe es zerbeißt und Teile davon – beispielsweise den tongebenden kleinen Plastikquäker – verschluckt, bedroht dies seine Gesundheit.

Sie sollten stets den Zustand der Spielsachen Ihres Welpen im Auge behalten und solche, die bis zu dem Punkt zernagt sind, an dem sie eine Gefahr darstellen, gegen neue austauschen.

Bei Knochen ist größte Vorsicht geboten, denn sie können in gefährlich scharfe und spitze Teile zersplittern. Selbst bei essbaren Lederspielzeugen ist Vorsicht angebracht, denn diese kann der Welpe zu einer klebrigen Masse zerkauen, die Ihren guten Teppich ruiniert.

Spielzeug ist jedoch nicht nur für den Welpen wichtig. Diese Rasse kaut generell gerne, weshalb Sie auch der erwachsenen Englischen Bulldogge Spielzeug anbieten müssen.

Hundeboxen sollen Hunden einen bequemen Ruheplatz bieten und sind zum Reisen mit einer Englischen Bulldogge unerlässlich.

Englische Bulldogge

Der Halter braucht ein Hundebett und einige stabile Kauspielzeuge, die den scharfen Zähnen eines Bulldoggen-Welpen standhalten – möglichst keines aus Korbgeflecht!

Leinen

Eine Nylonleine ist hier vermutlich die beste Wahl, denn sie ist den Zähnen des Welpen gegenüber am widerstandsfähigsten und in jedem Fall reißfest. Das Kauen an der Leine gehört zu einer der unerwünschten Angewohnheiten, die daher gleich im Keim erstickt werden sollten, doch andererseits steht das Herumnagen an allen möglichen Gegenständen mit dem Zahnen in Verbindung und lässt sich nicht von einem Tag auf den anderen abziehen. An einer Nylonleine kann sich Ihr Welpe wenigstens nicht verletzen, und im Normalfall kann er sie auch nicht durchbeißen. Ein weiterer Vorteil dieser Leinen liegt in ihrem geringen Gewicht, was Ihrem Welpen die Gewöhnung an die Leine erleichtert. In jedem Fall ist die Nylonleine für die täglichen Aktivitäten wie Gassigehen die beste Lösung. Sobald Ihr Welpe sich an das Laufen an der Leine gewöhnt hat, können Sie die Nylonleine gegen eine flexible Laufleine austauschen. Bei solchen Leinen können Sie die Leinenlänge verlängern, um Ihrem Hund einen erwei-

Wählen Sie für Ihre Englische Bulldogge nur das stabilste Spielzeug aus. Bälle sollten haltbar und zu groß zum Verschlucken sein. Der Tierfachhandel bietet eine große Auswahl.

terten Laufraum zu bieten, ohne ihn von der Leine zu lassen, oder diesen auch verkürzen, wenn er dicht bei Ihnen laufen soll. Selbstverständlich gibt es für Trainingszwecke auch spezielle Leinen, die jedoch für Routinespaziergänge nicht erforderlich sind.

Halsbänder

Ihr Welpe sollte sofort an das Tragen eines Halsbands, an dem auch seine Erkennungsmarke befestigt ist, gewöhnt werden. In Verbindung mit der Nylonleine ist ein leichtes Nylonhalsband ideal. Bei der Wahl des Halsbandes ist darauf zu achten, dass es einerseits eng genug ist, um nicht abgestreift werden zu können, andererseits aber lose genug ist, so dass es nicht einschnürt und Unbehagen verursacht. Sie sollten problemlos einen bis zwei Finger zwischen Hals und Halsband schieben können. Natürlich wird Ihr Welpe einige Tage benötigen, um sich an das Tragen eines Halsbandes zu gewöhnen, jedoch wird es dann zu einer Selbstverständlichkeit für

ihn. Die bekannten Zughalsbänder (Würgehalsband) sind für Trainingszwecke gedacht und sollten nur von einem Halter verwendet werden, der mit dem Einsatz vertraut ist.

Fress- und Wassernäpfe

Ihr Welpe braucht zwei Näpfe – einen für sein Futter und einen für Wasser. Wenn Sie Besitzer eines Gartens sind, ist die Anschaffung von zwei Sets zu empfehlen – eines für drinnen und eines für draußen. Edelstahlnäpfe sind die beste Wahl, denn Plastiknäpfe sind beliebte „Kauspielzeuge". Edelstahlnäpfe bieten hingegen keinerlei Angriffsfläche für Kauaktivitäten und können einfacher und gründlicher gereinigt werden. Der wichtigste Punkt bei der Auswahl der

So viel Spielzeug!

Es gibt eine Vielzahl von Hundespielzeug, das eine Menge Spaß verspricht. Es ist beeindruckend, was Welpenzähne in kürzester Zeit mit einem harmlos aussehenden Spielzeug an-

richten können. Wählen Sie das Spielzeug deshalb sorgfältig aus, und denken Sie immer zuerst an die Sicherheit Ihres Hundes. Wählen Sie das haltbarste Produkt, das Sie finden können. Mit harten Nylonknochen und -spielzeugen sind Sie auf der sicheren Seite. Viele Dinge werden in den unterschiedlichsten Größen und Formen angeboten. Außerdem gibt es Geschmacksrichtungen, deren Duftstoffe Ihrem Hund die Unwiderstehlichkeit des Spielzeugs offenbaren.

Es gibt Hunderte von Hundespielzeugen, aus denen Sie die geeigneten für Ihre Englische Bulldogge auswählen können.

Ihr Tierfachhandel bietet Ihnen eine reichliche Auswahl an Leinen in verschiedenen Farben, Größen und Materialien.

Näpfe ist deren Stabilität. Sie werden bestimmt nicht regelmäßig neue Näpfe kaufen wollen, weil diese ständig von Ihrem Hund zernagt werden. Das ist auf Dauer nicht nur teuer, sondern auch ein Gesundheitsrisiko für Ihren Hund.

Edelstahlnäpfe sind für Englische Bulldoggen die sicherste Wahl. Da die Hunde gerne kauen, haben Plastiknäpfe keine lange Lebenserwartung.

Reinigungsmittel

Solange Ihr Welpe nicht stubenrein ist, werden Sie um zusätzliche Reinigungsarbeiten nicht herumkommen. Es wird anfangs immer wieder zu „Unfällen" kommen, was völlig normal ist, denn der Welpe hat noch keine bewusste Kontrolle über Darm und Blase. Es ist also ratsam, während dieser Zeit eine kleine Schaufel, alte Handtücher, Zeitungspapier und für die Gesundheit des Tieres ungefährliche Reinigungs- und Desinfektionsmittel im Haus zu haben.

Neben der Grundausstattung

Die bisher angesprochenen Dinge bilden lediglich die Grundausstattung. Was außerdem benötigt wird, werden Sie schnell im Verlauf der Zeit herausfinden – Fellpflegemittel, Floh- und Zeckenschutzmittel, Gitter zum Abteilen von Räumen und so weiter. Ob Sie all diese Dinge brauchen, hängt ganz von den gegebenen Umständen ab. Am wichtigsten ist es, dass Sie beim Einzug ihres Welpen alles Notwendige zur Verfügung haben, was für die Ernährung und ein kuscheliges, Sicherheit vermittelndes Plätzchen nötig ist, damit er sich schnell in seinem neuen Zuhause einlebt.

Sicherheitsmaßnahmen für Haus und Wohnung

Neben der Aufgabe, Ihrem Welpen die Eingewöhnungszeit so einfach und bequem wie möglich zu gestalten, müssen Sie auch dafür sorgen, dass er in Ihrem Heim vor Gefahren sicher ist. Sie müssen dafür sorgen, dass er nicht in Bereiche Ihrer Wohnung eindringen kann, in denen er nichts zu suchen hat. Außerdem darf sich nichts in seiner Reich- oder Riechweite befinden, was seiner Gesundheit schaden könnte, wenn er neugierig daran schnüffelt oder darauf herumkaut.

Derartige Sicherheitsvorkehrungen sollten eigentlich selbstverständlich sein, denn neben der Sorge um die Gesundheit Ihres Welpen werden Sie auch darauf bedacht sein, dass Ihre persönlichen Dinge nicht durch seinen Erkundungs-

Die finanzielle Seite

Pflegeutensilien, Halsbänder, Hundeleinen, Hundebetten und natürlich Spielzeug werden als Kosten auf Sie zukommen, wenn Sie sich einen Welpen zulegen. Dazu kommt, dass Ihr Welpe Dinge im Haushalt beschädigt oder zerstört (wie es die meisten Welpen auch machen!) oder bei Ihrem Nachbarn Unsinn anrichtet. Auch mit Floh- und anderen Schädlingsbekämpfungsmitteln wird jeder Hundeeigentümer mehrfach konfrontiert. Sie müssen vorher in der Lage sein, die finanziellen Ausgaben zu überblicken, wenn Sie einen Hund besitzen möchten.

Das **Schnallenhalsband** wird täglich als Standardhalsband verwendet. Achten Sie darauf, dass Sie die Lochbreite für den Welpen korrekt einstellen. Das Halsband sollte nicht zu stramm eingestellt sein. Überprüfen Sie dieses jeden Tag, weil der Welpe ja noch wächst. Es kann leicht über Nacht zu eng werden! Diese Halsbänder werden aus Leder oder Nylon hergestellt. Befestigen Sie ein Identifikationsschild Ihres Hundes daran.

Das **Zughalsband** wird üblicherweise als Trainingshalsband verwendet. Es ist aus poliertem Stahl gefertigt, so dass es leicht durch die rostfreie Stahlschleife gleitet. Die Idee ist, dass der Hund den Druck um seinen Hals herum kontrolliert und schnell aufhört zu ziehen, wenn das Halsband unbequem wird. Belassen Sie nie eine Zugkette am Hundehals, wenn Sie nicht mit Ihrem Hund trainieren.

Das **Geschirr** eignet sich für einen geübten Hund. Es soll den Hund am Davonlaufen hindern oder beispielsweise daran eine Katze zu jagen. Man betrachtet es als die humanste Methode und braucht es häufig für kleinere Hunde, für die andere Halsbänder nicht komfortabel sind.

Wählen Sie ein geeignetes Halsband!

Die Fress- und Wassernäpfe Ihrer Englischen Bulldogge müssen stets sauber sein. Wasser muss Ihrem Hund immer zur Verfügung stehen.

drang beschädigt oder sogar ruiniert werden. Wenn er sich frei in Ihrem Heim bewegen kann, sollten unbedingt sämtliche zerbrechlichen Gegenstände aus seiner Reichweite entfernt werden. Falls sein Bewegungsfreiraum auf ein bestimmtes Zimmer oder einen festgelegten Teil der Wohnfläche beschränkt ist, müssen alle potentiell gefährlichen Gegenstände aus diesem Bereich entfernt werden. Ein Elektrokabel stellt beispielsweise eine potentielle Gefahr dar, denn wer kann einen Welpen davon überzeugen, dass es sich hierbei nicht um ein Kauspielzeug handelt? Elektrokabel sollten stets gut befestigt oder durch Kabelkanäle geschützt sein.

Auch um den ständigen Aufenthaltsplatz des Welpen dürfen sich keine gefährlichen Gegenstände befinden, derer er mit seinen Pfoten oder dem Fang habhaft werden kann. Mit einem Welpen im Haus sollten Sie sich an dieselben Regeln halten, die auch für Kleinkinder gelten – Haushaltsreiniger und Chemikalien sind generell dort aufzubewahren, wo sie unerreichbar sind.

Welpensicherheit

Bevor Sie Ihren Welpen nach Hause holen, sollten Sie Ihr Heim bereits „welpensicher" gemacht haben. Verwenden Sie niemals Rattengift, Insektenschutz- oder gefährliche Reinigungsmittel im Lebensbereich Ihres Hundes. Das gilt auch für Toilettenreiniger, denn jeder Welpe wird gerne einen „Schluck nehmen", wenn der Toilettendeckel offensteht.

Genauso wichtig wie die Sicherheit innerhalb der Wohnung ist die Sicherheit im Freien. Ihr Welpe sollte natürlich niemals unbeaufsichtigt sein, jedoch sollten Sie ihm im Garten schon erlauben, herumzutollen und auf Erkundungsreise zu gehen. Allerdings ist auch hierbei Vorsicht angebracht, denn ein eingezäunter Garten bietet manchmal eine nur trügerische Sicherheit. Sie werden staunen, wieviel Kraft und Ausdauer ein Hund aufbringen kann, um herauszufinden, wie man sich am besten unter einem Zaun hindurchgräbt oder sich erfolgreich durch das kleinste Loch hindurchquetscht. Obwohl Englische Bulldoggen nicht zu den Kletterern gehören, sollte der Zaun so hoch sein, dass er mit Sicherheit weder überklettert noch übersprungen werden kann (etwa zwei Meter) und auch ausreichend tief in das Erdreich eingelassen sein.

Es fällt in Ihren Verantwortungsbereich, die Hinterlassenschaften Ihres Hundes zu beseitigen. Der Tierfachhandel bietet zu diesem Zweck Hilfsmittel an.

Sämtliche Schwachstellen oder Löcher müssen umgehend repariert werden. Es ist außerdem ratsam, den Zaun in regelmäßigen Abständen auf Beschädigungen hin zu kontrollieren – ein konsequenter Welpe kann immer wieder an eine erfolgversprechende Schwachstelle zurückkehren und so lange daran arbeiten, bis er sich endlich einen Weg in die große, weite Welt geschaffen hat.

Der erste Besuch beim Tierarzt

Sie haben sich inzwischen Ihren Welpen ausgesucht, Heim und Familie sind auf den Neuankömmling vorbereitet, und alles, was Ihnen jetzt noch zu tun bleibt, ist den Welpen beim Züchter abzuholen, und dann kann der Spaß beginnen. Planen Sie trotz aller Freude den ersten

Stressfreiheit

Einige Hundemediziner sagen, dass Stress innerhalb der frühen Entwicklungsphase eines Hundes das Immunsystem schwächen und somit die Lebenserwartung verkürzen kann.

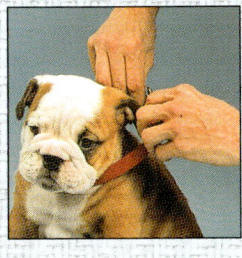

Sie unterstreichen daher die Notwendigkeit einer glücklichen Entwicklungsphase des Welpen mit möglichst wenig Stress.

Die erste Autofahrt

Die Autofahrt vom Züchter in Ihr Heim kann für den Welpen und für Sie eine unangenehme Erfahrung werden. Der Welpe wird aus seiner warmen, gewohnten und sicheren Umgebung in eine fremde und neue Welt gebracht – eine Welt, die sich bewegt! Machen Sie sich deshalb auf eventuell auftretenden Durchfall, Urinieren, Weinen, Winseln und sogar Angstbeißen gefasst. Zu Hause angekommen können Sie ihm aber mit viel Liebe und Ermunterung helfen, den Stress seiner ersten Autofahrt schnell zu vergessen.

Besuch beim Tierarzt innerhalb der ersten beiden Wochen nach der Übernahme ein. Vielleicht kann Ihnen der Züchter einen besonders guten Tierarzt empfehlen, oder Sie haben Kontakt zu anderen Hundehaltern, die mit einer zuverlässigen Adresse dienen können. In jedem Fall sollten Sie einen Termin mit dem Tierarzt zu einer Grunduntersuchung vereinbaren.

Eine solche Grunduntersuchung besteht aus der Überprüfung seines allgemeinen Gesundheitszustandes, um sicherzustellen, dass keine Probleme vorliegen, die sich nicht mit bloßem Auge erkennen lassen. Ihr Tierarzt wird außerdem nach den Angaben des Züchters darüber, welche Impfungen Ihr Welpe wann

Ein Bulldoggen-Welpe freundet sich mit einem Griffon Bruxellois an. Nachdem Ihr Welpe seine Impfungen erhalten hat, kann er mit anderen Hunden zusammenkommen, soweit diese gut sozialisiert sind.

erhalten hat, einen Impfplan aufstellen, der Ihnen Auskunft darüber gibt, wann welche neuen Impfungen oder Nachimpfungen fällig werden.

Einführung in die Familie

Jedes Familienmitglied wird dem Einzug des Welpen mit Freude und Aufregung entgegensehen, ihn streicheln und mit ihm spielen wollen. Es ist jedoch besser, die Begrüßungszeremonie nicht zu übertreiben, denn ein Zuviel an Aufmerksamkeit, zuviele Menschen und Hände, wirken auf einen so kleinen Hund schnell beängstigend. Er ist ohnehin stark verunsichert, denn er wurde das erste Mal von seiner Mutter, seinen Geschwistern und dem Züchter getrennt, und der Transport in sein neues Zuhause ist höchstwahrscheinlich auch seine erste Bekanntschaft mit einem Auto gewesen. Sie sollten ihn deshalb keinesfalls mit Aufmerksamkeiten und Liebkosungen „ersticken", da ihn dieses Verhalten nur noch mehr ängstigen würde. Damit soll jedoch nicht gesagt sein, dass der Kontakt mit Menschen in diesem Stadium nicht wichtig wäre, denn genau in dieser Zeit entwickelt sich eine spontane Beziehung zwischen dem Welpen und seiner neuen Familie. Sanftes Streicheln und freundliche, beruhigende Worte sind ihm eine genauso große Hilfe wie die Möglichkeit, seine neue Umgebung selbständig erforschen zu können – natürlich unter Ihren wachsamen Augen.

Ein Welpe kann seine erste Aufmerksamkeit seinen neuen Familienmitgliedern oder auch erst einmal der Erkundung seiner neuen Umgebung widmen.

Wussten Sie schon?

Es wird etwa zwei Wochen dauern, bis sich Ihr Welpe eingewöhnt hat. Schenken Sie ihm in dieser Zeit besonders viel

Liebe, Aufmerksamkeit und Streicheleinheiten. Er braucht häufig die Möglichkeit sich zu erleichtern, ein geeignetes Futter und einen eigenen Platz.

Nach und nach sollte jedes Familienmitglied etwas Zeit mit dem Welpen verbringen, sich dazu auf etwa seine Ebene begeben, ihn an den Händen riechen lassen und ihn sanft streicheln. Er braucht die Aufmerksamkeit des Menschen und sollte auch unbedingt angefasst werden, denn so entsteht eine erste spontane Bindung.

Denken Sie stets daran, dass er zum ersten Mal in seinem Leben binnen kurzer Zeit mit vielen Neuheiten konfrontiert wird. Da sind fremde Menschen, fremde Geräusche, neue Gerüche und fremdartige Dinge, die untersucht werden müssen. Seien Sie deshalb so sanft, liebevoll und so ermutigend wie möglich.

Die erste Nacht Ihres Welpen im neuen Heim

Den Weg in sein neues Heim hat der Welpe sicher in seinem Körbchen oder seiner Box überstanden. Er hat auch schon den ersten Tierarztbesuch hinter sich, wurde gewogen, seine Papiere wurden überprüft, und vermutlich wurde er auch schon geimpft und entwurmt. Er hat seine neue Familie kennengelernt und alle Mitglieder, einschließlich der aufgeregten Kinder und der nicht ganz so glücklichen Katze liebevoll abgeleckt. Er hat seine neue Umgebung erkundet, sein neues Bett ausprobiert und alle ihm zugänglichen Wohnbereiche ausgiebig

Fütterungshinweis

Sie sollten Ihren Welpen in den ersten Wochen mit demselben Futter versorgen, das er auch beim Züchter erhalten hat. Ein guter Züchter wird Ihnen einen kleinen Vorrat mitgeben. Ein Welpe sollte zwischen den Mahlzeiten nicht mit zu vielen Leckereien verwöhnt werden. Der Kalorienbedarf eines Welpen ist relativ niedrig, und einige Leckerchen können schnell den gesamten Kalorienbedarf für den Tag decken, ohne dass der Welpe die notwendigen Nährstoffe zu sich genommen hat.

abgeschnüffelt. Er hat sein erstes Futter im neuen Heim erhalten und ist an einem dafür vorgesehenen Platz Gassi gegangen. Er hat viele neue Geräusche gehört, den Geruch neuer Freunde aufgenommen und mehr von der fremdem Welt dort draußen gesehen als jemals zuvor. Und das war erst der erste Tag! Er ist völlig erschöpft und reif fürs Bett... zumindest haben Sie diesen Eindruck.

Es ist seine erste Nacht, und Sie wünschen ihm „Schöne Träume" – vergessen Sie jedoch nicht, dass dies auch die erste Nacht für ihn ist, die er allein verbringen muss. Seine Mutter und Geschwister sind nicht mehr nur eine Pfotenlänge von ihm entfernt, ihm ist kalt, er fühlt sich allein und hat etwas Angst. Seien Sie Ihrem neuen Familienmitglied daher eine Ermutigung, wirken Sie beruhigend auf den Welpen ein, aber denken Sie daran, dass dies nicht die Zeit zum Verwöhnen ist – geben Sie seinem unvermeidlichen Winseln nicht ständig nach. Das Winseln eines Welpen dient der Kommunikation mit dem Rudel. Er will die anderen wissen lassen, wo er ist und hofft, dass sie zu ihm kommen und ihm Gesellschaft leisten werden. Legen Sie ihn in dem dafür vorgesehenen Zimmer in sein neues Bett oder in seine Box und schließen Sie die Tür. Nach einiger Zeit wird er ruhig werden und einschlafen. Wenn das Unvermeidliche eintrifft, ignorieren Sie das Winseln – es geht Ihrem Welpen wirklich gut. Seien Sie konsequent und denken daran, was das Beste für ihn ist. Lassen Sie sich nicht von Mitleid übermannen, indem Sie aufstehen und nach ihm sehen. Über kurz oder lang wird er mit Sicherheit einschlafen.

Viele Züchter empfehlen, etwas von dem alten Schlafplatz des Welpen in sein neues Bett zu legen, so dass er den Geruch seines Rudels um sich hat. Andere wieder raten dazu, ihm eine Wärmflasche ins Bett zu legen. Dies ist keine schlechte Idee, vorausgesetzt, er nuckelt nicht an der Wärmflasche herum und löst so den Verschluss, denn ein nasser Welpe schläft nicht so schnell ein.

Die erste Nacht im neuen Heim kann sowohl für den Welpen als auch für Sie mit einigem Stress verbunden sein. Denken Sie daran, dass Sie in Ihrem Haus den Ton angeben und bestimmen, wann Schlafenszeit ist. Wenn Sie nicht jeden Tag bis 22 Uhr, um Mitternacht und morgens um 2 Uhr mit ihm spielen wollen, dann sollten Sie eine solche Entwicklung von vornherein unterbinden. Ihre Familie und letztlich Ihr Welpe werden Ihnen Ihr Durchsetzungsvermögen danken.

Das Verhindern von typischen Problemen mit Welpen

Sozialisierung

Nachdem alle Vorbereitungen abgeschlossen sind und sich Ihr Welpe in seinem neuen Heim eingewöhnt und mit der Familie Freundschaft geschlossen hat, ist es an der Zeit, dass der versprochene Spaß beginnt.

Die Sozialisierung Ihres Welpen verschafft Ihnen die Möglichkeit, Ihren Freund vorzuzeigen. Er kommt in den Genuss festzustellen, welche Vorteile man als unwiderstehliches Fellbündel genießt, das alle Menschen streicheln wollen und dabei den Eindruck in ihm erwecken, dass er etwas ganz Besonderes ist.

Züchter gewöhnen die Welpen oft an eine Box, bevor sie in neue Heime umziehen. Dieser hier fühlt sich in seiner bereits wohl, was seinem neuen Halter einen Trainingsvorteil verschafft.

Neben den eigenen Familienmitgliedern sollte Ihr Welpe auch mit anderen Menschen, Tieren und Situationen bekanntgemacht werden, wobei der direkte Kontakt mit anderen Hunden so lange zu vermeiden ist, bis er alle seine Grundimpfungen erhalten hat. Der Kontakt mit anderen Tieren und Menschen hilft ihm dabei, zu einem anpassungsfähigen Hund heranzuwachsen, und verhindert, dass er neuen Dingen und Situationen gegenüber ängstlich reagiert. Die Sozialisierung eines Welpen beginnt bereits beim Züchter und geht dann in die Verantwortung des neuen Besitzers über. Die kritische Sozialisierungsphase hält bis zum Alter von zwölf Wochen an, denn innerhalb dieser ersten Lebenswochen formen sich die Eindrücke, die der Welpe von seiner Umwelt hat.

Eine mangelhafte Sozialisierung während dieser Zeit kann sich später in Form von Angst und/oder Aggressivität manifestieren. Ihr Welpe sollte häufig mit anderen Menschen und Tieren zusammenkommen, oft angefasst und liebevoll umsorgt werden. Während der achten bis zehnten Lebenswoche ist allerdings etwas Vorsicht geboten – diese Phase wird auch als die Angstperiode bezeichnet. Jeglicher Kontakt mit anderen Menschen oder Tieren sollte in dieser Zeit bewusst zärtlich und ermunternd sein.

Nachdem Ihr Welpe all seine notwendigen Impfungen erhalten hat, können Sie ihn gefahrlos ausführen – natürlich stets an der Leine. Machen Sie ihn mit Ihrer Nachbarschaft bekannt, nehmen Sie ihn auf Ihren täglichen Besorgungsgängen mit, erlauben Sie anderen Personen ihn anzufassen, lassen Sie ihn an anderen

Sozialisation

Die Sozialisation umfasst nicht nur den Kontakt mit anderen Menschen, sondern auch die Konfrontation mit neuen Situationen. Das Fahren im

Auto, die Fellpflege, neue Geräusche, das Herumlaufen in einer Menschenmenge – diese Liste ist endlos. Je mehr Erfahrungen Ihr Welpe sammelt und je positiver diese sind, desto geringer sind der Schock und die Angst bei der Konfrontation mit neuen Dingen.

Hunden und Tieren schnüffeln und so weiter. Welpen müssen sich nicht um neue Freundschaften bemühen, denn sie treffen gewöhnlich ständig auf tierliebe Menschen, die ihnen ihre Aufmerksamkeit schenken. Allerdings sollten Sie jeden neuen Kontakt aufmerksam überwachen. Wenn beispielsweise die Kinder Ihrer Nachbarn den Neuankömmling begrüßen wollen, so ist generell nichts dagegen einzuwenden, denn Kinder und Welpen sind meistens die besten Freunde. Es kann jedoch auch dazu kommen, dass ein aufgeregtes Kind unbeabsichtigt zu grob mit den Welpen umgeht oder ein übermütiger Welpe in seiner Verspieltheit nach der Hand des Kindes schnappt. Die Erfahrungen während der Sozialisierung sollten in jedem Fall positiv sein, denn alles, was der Welpe innerhalb dieser sehr wichtigen Entwicklungsphase lernt, prägt sein Verhalten in später auftretenden Situationen. Ein Welpe, der mit einem Kind eine schlechte Erfahrung gemacht hat, kann später Kindern gegenüber ein scheues oder auch aggressives Verhalten zeigen. Eine solche Entwicklung wollen Sie sicherlich verhindern, denn Sie werden Wert darauf legen, dass sich Ihr Welpe in jeder Situation wohlfühlt und wie erwartet verhält.

Konsequenz im Training

Hunde sind Rudeltiere und benötigen einen Rudelführer. Ist ein solcher nicht vorhanden, versuchen sie ihre eigene Dominanz im Rudel zu etablieren. Wenn Sie einen Hund in Ihre Familie aufnehmen, liegt es ausschließlich an Ihrem Verhalten und Ihrer Erziehung, wer zum

Hündin oder Rüde?

Eine wichtige Entscheidung ist die Wahl des Geschlechts. Als Familien-

hund mag sich eine Hündin besser eignen. Ihre Eigenschaften und ihr Mutterinstinkt lassen sie tolerant und freundlich sein. Oft werden Familienhunde kastriert, um die Unannehmlichkeiten einer unerwünschten Trächtigkeit auszuschließen.

„Rudelführer" erhoben und wer zum „Rudel" degradiert wird. Ziel ist es selbstverständlich, dass Ihr Hund Sie und alle anderen Familienmitglieder – und letztendlich alle Menschen – als ranghöhere Lebewesen akzeptiert.

Die instinktive Neigung zur Dominanz Ihres Welpen in Verbindung mit der Tatsache, dass es nahezu unmöglich ist, einem unwiderstehlichen Englische Bulldoggen-Welpen in die treuen Augen zu sehen, ohne dabei schwach zu werden, verschaffen ihm einen fast schon unfairen Vorteil im Kampf um die Oberhand. Und ein jeder Welpe wird unweigerlich ausprobieren, wie weit er bei seinem Halter gehen kann – womit kommt er durch und womit nicht!

Geben Sie diesen bittenden Augen nicht nach, bleiben Sie standfest, wenn es um die Erziehung Ihres Welpen geht, und stellen Sie sicher, dass alle anderen Familienmitglieder ebenso handeln. Die Situation, in der Frauchen ihn von der Couch jagt, während er es doch gewöhnt ist, genau von dort aus mit Herrchen die Abendnachrichten zu sehen, ist lediglich verwirrend für ihn und trägt nichts zu seiner Erziehung bei. Ihr Hund weiß nicht, was er falsch gemacht haben könnte. Vermeiden Sie derartige Diskrepanzen, indem Sie die Richtlinien darüber, was erlaubt und was verboten ist, vor dem Einzug des Welpen mit Ihrer Familie festlegen. Ein frühzeitig einsetzendes Training formt die Persönlichkeit Ihres Hundes, so dass es keinen Zweifel darüber gibt, was Sie zu erwarten haben.

Trainings-Tipp

Die Erziehung Ihres Welpen erfordert viel Geduld und kann anfangs recht frustrierend sein. Nach kurzer Zeit werden sich jedoch die ersten Erfolge ein-

stellen. Falls Ihr Welpe unerziehbar erscheint, nehmen Sie an einem Erziehungskurs teil. Meist liegen die Probleme darin, dass die Hundehalter zu wenig über ihre Welpen und die Eigenarten der Rasse wissen.

Häufig auftretende Probleme mit Welpen

Der beste Weg zur Verhinderung von Problemen ist der, ein unakzeptables Verhalten gleich im Keim zu ersticken. Das alte Sprichwort „Man kann einem alten Hund keine neuen Tricks beibringen", entspricht nicht in jedem Fall der Tatsache, allerdings ist es natürlich viel einfacher, schlechtes Benehmen aus einem jungen, sich entwickelnden Welpen herauszuerziehen, als darauf zu warten, bis aus dem ungezogenen Welpen ein unerträglicher erwachsener Hund geworden ist. Es gibt einige Probleme, die speziell bei Welpen in der Entwicklungsphase auftreten.

Die Übernahme

Nach den Zuchtbestimmungen des Verbandes für das Deutsche Hundewesen e. V. ist es nicht erlaubt, einen Welpen vor dem Alter von acht Wo-

chen abzugeben. Bis dahin braucht er den Kontakt zu seiner Mutter und den Geschwistern. Erst in der achten Lebenswoche erhält der Welpe seine erste Schutzimpfung. Ist Ihr Welpe beim Kauf schon älter, ist er oft schon stubenrein und gut sozialisiert.

Kau-Tipps

Kauen steht stets in Zusammenhang mit Beißen, denn ein zahnender Welpe ist ständig auf der Suche nach einer Möglichkeit, sein schmerzendes und juckendes Zahnfleisch zu besänftigen. Berücksichtigen Sie, dass es sich um ein für junge Hunde völlig normales Verhalten handelt, das nicht unterbunden, sondern in die gewünschte Richtung umgeleitet werden muss. Ihr Welpe muss lernen, woran er herumnagen darf und woran nicht. Wenn er an verbotenen Dingen nagt, sagen Sie in strengem Ton „Nein!" und geben ihm sein Kauspielzeug. Loben Sie ihn ausgiebig, wann immer er an seinem dafür gedachten Spielzeug kaut. So leiten Sie seinen Nagetrieb in die richtige Richtung. Nach dem Zahnwechsel lässt auch der Kaudrang meist merklich nach, jedoch geht er auch bei erwachsenen Hunden nicht völlig verloren. Einige erwachsene Hunde kauen aus Langeweile, andere um Spannungen abzubauen oder einfach nur, weil es ihnen Spaß macht. Aus diesem Grund ist es wichtig, dass der Hund bereits im frühen Alter lernt, woran er kauen darf und woran nicht.

Schnappen

Wenn Welpen mit dem Zahnen beginnen, verspüren sie den Drang, ihre Zähne in nahezu alles zu graben – unglücklicherweise schließt das auch Ihre Finger, Arme, Haare, Zehen und so weiter ein, – eben alles, was gerade verfügbar ist. Sie mögen dieses Verhalten wäh-

Natürliche Gifte

Wenn Sie einen Garten besitzen, sollten Sie ihn nach versteckten Gefahren für Ihren Welpen absuchen. Überraschend viele Pflanzen haben giftige Stoffe in Blättern und Blüten oder produzieren giftige Säfte. Vor diesen Gefahren macht ein neugieriger Welpe leider keinen Halt. Im Zweifel müssen Sie Ihren Garten fast neu anlegen, wenn Sie die Gesundheit Ihres Hundes nicht gefährden wollen. Fragen Sie Ihren Tierarzt nach giftigen Pflanzenarten und wie man sie erkennt.

rend der ersten fünf Sekunden noch niedlich finden – aber auch nur bis Sie spüren, wie spitz und scharf die Zähne eines Welpen sind. Dieses Verhalten werden Sie umgehend und konsequent mit einem strengen „Nein!" unterbinden wollen (oder wieviele „Neins" auch nötig sein werden) und Ihren Finger durch ein geeignetes Kauspielzeug ersetzen.

Während dieses Verhalten bei einem jungen Hund lediglich lästig ist, kann es bei einer erwachsenen Englischen Bulldogge mit ausgewachsenen Zähnen und kräftig entwickeltem Kiefer, die es als normal empfindet, an menschlichen Gliedmaßen herumzukauen, ausgesprochen gefährlich werden. Ihre junge Englische Bulldogge will Sie mit einem freundlich gemeinten Zuschnappen bestimmt nicht verletzen, jedoch kann sie ihre eigene Kraft noch nicht richtig kontrollieren.

Weinen und Winseln

Ihr Welpe wird anfangs weinen, winseln, wimmern, heulen oder irgendwelchen anderen Tumult veranstalten, wenn er alleingelassen wird. Das ist seine Art, sich Aufmerksamkeit zu verschaffen und sicherzustellen, dass Sie ihn nicht vergessen haben.

Alleingelassen fühlt er sich unsicher, was bereits der Fall ist, wenn Sie sich nur aus seiner Sichtweite entfernen und er in seiner Hundebox bleiben muss. Die von ihm ausgestoßenen Lau-

Welpenprobleme

Die meisten Welpen-Probleme verschwinden von selbst, sobald Ihr Hund älter wird. Dennoch bestimmt die Art und Weise, wie Sie mit diesen Problemen umgehen, wie Ihr Hund später auf

disziplinarische Maßnahmen reagiert. Es ist wichtig, von Anfang an klar zu machen, wer der Herr im Haus ist – hoffentlich Sie! Die Beziehung, die sich in den ersten Monaten zwischen Ihnen und Ihrem Hund bildet, ist für den Rest seines Lebens ausschlaggebend.

Englische Bulldogge

Ein Spielkamerad und viel Kauspielzeug... was könnte eine Englische Bulldogge glücklicher machen.

te sind ein Ausdruck der Angst, die er empfindet, wenn er sich alleingelassen fühlt. Er muss also lernen, dass das Alleinsein etwas Normales und Unbedrohliches ist. Zu diesem Zweck trainieren Sie ihn nicht dahingehend, dass er das Heulen, Winseln usw. einstellt, sondern eher in die Richtung, dass er sich auch allein in Haus oder Wohnung wohl und sicher fühlt. Die direkte Folge davon ist, dass er automatisch damit aufhört, seiner Unzufriedenheit lautstark Ausdruck zu geben.

Bei diesem Abschnitt der Ausbildung kommt die mit Decken und mit Spielzeug ausgestattete Hundebox ins Spiel. Sie wollen, dass Ihr Welpe sicher ist, wenn Sie ihn allein und ohne Aufsicht zurücklassen müssen, und Sie wissen auch, dass die Hundebox dafür ein besserer Platz ist, als ihm die gesamte Wohnung zur Verfügung zu stellen. Damit er seinen Platz in der Box problemlos akzeptiert, muss er sich darin

Ihrem Welpen das Haus zu überlassen, ist nicht zu empfehlen. Mangelnde Stubenreinheit, mögliche Kauschäden und fehlende Sicherheit des Welpen sind nur einige von vielen Gründen dafür.

natürlich wohlfühlen. Aus diesem Grunde ist es ausgesprochen wichtig, dass die Hundebox niemals zum Mittel von Bestrafungen wird, denn dann würde er sie mit einer negativen Erfahrung assoziieren.

Sie gewöhnen Ihren Welpen am besten an seine Box, wenn Sie ihn erst für kurze Zeit und dann für langsam immer länger werdende Intervalle, vielleicht zusammen mit einem Leckerbissen, in ihr einsperren und währenddessen im selben Raum bleiben. Wenn er weint, winselt oder heult, ignorieren Sie dies, bleiben jedoch in seiner Sichtweite.

Nach und nach wird er verstehen, dass der Aufenthalt in seiner Box nichts Bedrohliches hat wodurch er diesen Vorgang dann auch als weniger traumatisch empfindet, wenn Sie nicht anwesend sind. Vielleicht lassen Sie das Radio auf sanfter Lautstärke eingeschaltet, wenn Sie ihn allein lassen – der Klang einer menschlichen Stimme kann eine beruhigende Wirkung haben.

Selbstverständlich darf ein Hund nicht den ganzen Tag alleine in der Wohnung verbringen, schon gar nicht eingesperrt in seiner Box!

Die tägliche Pflege Ihrer Englischen Bulldogge

Überlegungen zur Ernährung und Fütterung

Heutzutage haben Sie eine reichhaltige Auswahl an Futtersorten für Ihre Englische Bulldogge. Es gibt Dutzende von Markenfuttersorten in allen möglichen Geschmacksrichtungen und Ausführungen, die von Welpenfutter bis hin zu speziellen Futtersorten für alte Hunde reichen. Es gibt sogar hypoallergene und fett- sowie kalorienarme Futtersorten. Aufgrund der Tatsache, dass die Ernährung Ihrer Englischen Bulldogge Einfluss auf Fell, Gesundheit und Temperament hat, ist es wichtig, dass die Wahl des Futters der Altersgruppe Ihres Hundes entspricht. Selbst für erfahrene Hundehalter ist die unglaubliche Auswahl an Hundefuttersorten manchmal erstaunlich. Nur das Verständnis darüber, was für Ihren Hund das Beste ist, wird Ihnen die richtige Wahl ermöglichen.

Wussten Sie schon?

Auch Trockenfutter muss sorgfältig gelagert werden. Bei offenen Packungen gehen innerhalb von nur drei Monaten die im Futter enthaltenen Vitamine verloren. Geöffnete Packungen können durch Schimmelpilzsporen oder durch Ungeziefer verunreinigt werden.

Hundefutter wird in drei Grundformen hergestellt: trocken, halbtrocken und feucht in Büchsen. Das Trockenfutter ist gewöhnlich das preiswerteste, die halbtrockenen und in Konserven abgefüllten Futterarten sind generell teurer. Trockenfutter enthält den geringsten Fettanteil und die wenigsten Konser-

Wussten Sie schon?

Als Nachweis für eine gesunde Ernährung Ihres Hundes sind die Farbe, der Geruch und die Festigkeit seines Stuhls gut geeignet. Ein gesunder Hund produziert gewöhnlich pro Tag drei mittelfeste Kothaufen. Der Kot sollte nicht unangenehm riechen, stets die gleiche Festigkeit und Farbe haben.

vierungsstoffe. Die meisten Büchsenfutterarten bestehen zu 60 bis 70 % aus Wasser, während die halbtrockenen Sorten oftmals derart viel Zucker enthalten, dass sie bei den meisten Hundehaltern nicht sonderlich beliebt sind, obwohl sie gerne gefressen werden – welches Kind mag schließlich keine Süßigkeiten?
Bei der Auswahl des Futters müssen die drei Entwicklungsstufen berücksichtigt werden – das Welpenalter, die Erwachsenenphase und das Seniorenstadium.

Englische Bulldoggen sollten in einem Alter von etwa sieben Wochen entwöhnt sein. Während der ersten Lebenswochen versorgt die Muttermilch die Welpen mit Nährstoffen und der notwendigen Immunität.

Die Ernährung des Welpen

Welpen besitzen den natürlichen Instinkt, an den Zitzen ihrer Mutter Milch zu saugen, und dieses Verhalten sollten sie bereits an ihrem ersten Lebenstag zeigen. Wenn ein Welpe nicht innerhalb von wenigen Stunden nach seiner Geburt zu saugen beginnt, sollten Sie ihn direkt an eine gut mit Milch gefüllte Zitze der Mutter anlegen. Bringt auch diese Hilfestellung nicht den gewünschten Erfolg, können Sie den Welpen nur noch unter der fachmännischen Anleitung Ihres Tierarztes mit der Flasche großziehen. Dazu wird eine Milchflasche für Babies und ein spezielles Rezept benötigt.

Natürlich ist die Muttermilch um vieles besser als jede kommerzielle, denn diese Kolostralmilch enthält Antikörper der Mutterhündin, die den Welpen in den ersten acht bis zehn Wochen seines Lebens vor Infektionskrankheiten schützen. Es ist wichtig, dass der Welpe die richtige Milchmenge erhält und zu die-

tet werden muss. Sein Gewicht, Alter, Aktivität und der persönliche Geschmack müssen gleichermaßen in die Überlegung einfließen. Das Beste ist, sich auf die Empfehlung eines Tierarztes zu verlassen. Die Ernährungsansprüche Ihres Hundes ändern sich sogar während seiner Lebenszeit.

Wenn Ihr Hund ein gutes Futter erhält, sollte auf Fleisch- oder Gemüsezusätze verzichtet werden. Manche Hunde mögen etwas Abwechslung. Sie können ihm dann einfach eine andere Geschmacksrichtung anbieten oder dem Futter etwas Brühe untermengen.

sem Zweck eine geeignete Ersatzmilch verabreicht wird. Auch die Fütterungsintervalle sind wichtig – während der ersten Lebenstage wird gewöhnlich alle zwei Stunden gefüttert.

Welpen sollten bis zum Alter von sechs Wochen von der Mutter gesäugt werden und mit acht Wochen vollständig entwöhnt sein. Allerdings kann bereits ab der dritten oder vierten Woche zusätzlich festes Futter in kleinen Portionen angeboten werden. Die meisten Züchter bieten als Alternative kleine Fleischmahlzeiten an, um die Entwöhnungszeit zu verkürzen.

Im Alter von acht Wochen sollte der Welpe vollständig entwöhnt sein und sich ausschließlich von speziellem Welpenfutter ernähren. Englische Bulldoggen-Welpen sollten täglich drei Mahlzeiten erhalten. Im Alter von acht Wochen sind zwei Mahlzeiten täglich ausreichend. Mäkelige Fresser können eine kleine zusätzliche Fütterung verlangen, um ihr Gewicht zu halten. Ihr Tierarzt wird Ihnen gerne ein spezielles Wachstumsfutter für Welpen empfehlen, das bis zu einem Alter von zwölf Monaten verabreicht wird. Das Welpenfutter sollte generell ausgewogen sein und ausreichende Mengen an Vitaminen, Mineralstoffen und Proteinen enthalten, damit zusätzliche Beigaben dieser Art nicht nötig sind. Während der Entwöhnungsphase ist die Futterqualität besonders wichtig, denn der Welpe wächst in dieser Zeit sehr schnell. Auch wenn die Anzahl der Fütterungen abnimmt, sollte eine Futterart für erwachsene Hunde nicht vor einem Alter von zwölf Monaten verabreicht werden.

Futter auf Getreidebasis

Viele Futtersorten für erwachsene Hunde werden auf der Grundlage von Getreide hergestellt. Daran ist nichts auszusetzen, solange das Futter kein Sojamehl enthält, denn Sojamehl enthaltende Futterarten verursachen häufig Blähungen. Derartige Futter-

sorten sind oftmals die preiswertesten und qualitativ genauso gut wie das teuerste Futter auf Fleischbasis. Es gibt viele Situationen, in denen Ihr Hund eine spezielle Ernährung benötigen könnte. Allerdings sollten Sie die Entscheidung über solche speziellen Ansprüche stets mit Ihrem Tierarzt absprechen.

Die Ernährung des erwachsenen Hundes

Ein Hund wird als erwachsen angesehen, wenn er ausgewachsen ist. Eine Englische Bulldogge kann mit zehn bis zwölf Monaten auf eine Futtersorte für erwachsene Hunde umgestellt werden. Auch hier sollten Sie sich wieder bei der Aus-

Womit füttern Sie Ihren Hund?

Beachten Sie die Inhaltsan-
gaben Ihres Hundefutters.
Viele Hersteller geben nur
50 bis 55 % der Inhaltsstoffe
an und lassen die restlichen
45 bis 50 % ohne Angaben
unter den Tisch fallen.

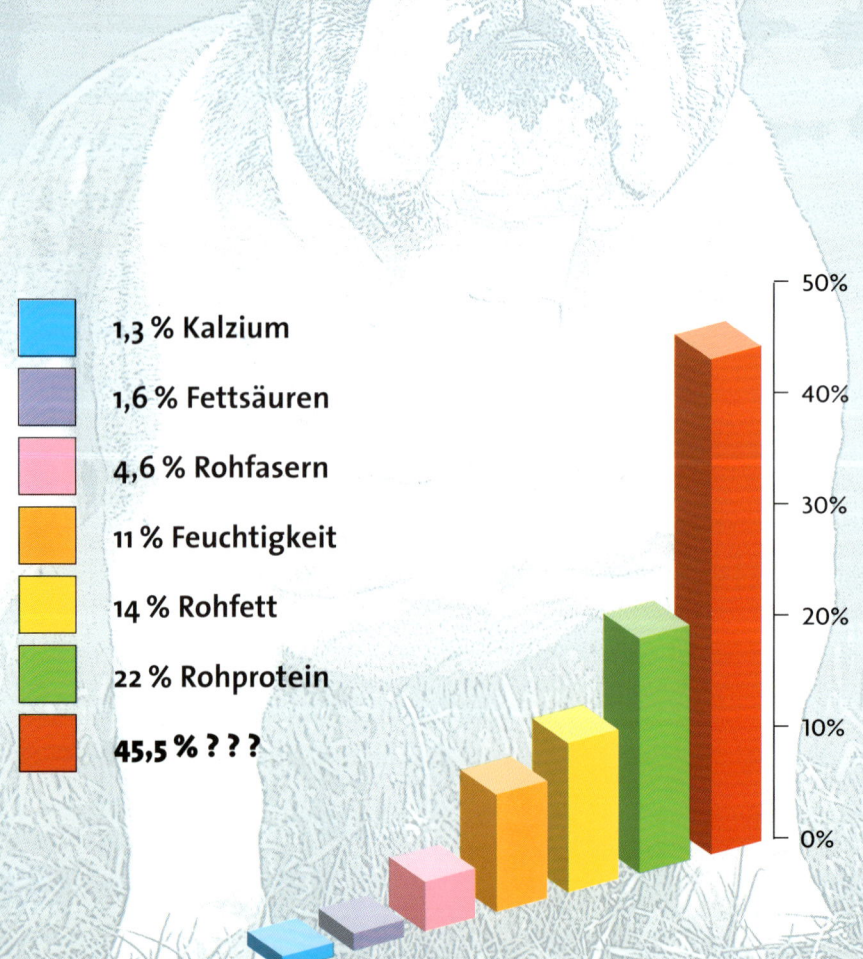

- 1,3 % Kalzium
- 1,6 % Fettsäuren
- 4,6 % Rohfasern
- 11 % Feuchtigkeit
- 14 % Rohfett
- 22 % Rohprotein
- **45,5 % ? ? ?**

wahl der idealen Futtersorte auf die Empfehlung Ihres Tierarztes verlassen. Die hauptsächlichen Hersteller von Hundefutter sind auf diese Futterarten spezialisiert, weshalb Sie sich eigentlich nur noch für eine Sorte entscheiden müssen, die den Ansprüchen Ihres Hundes am besten entspricht. Ein aktiver Hund stellt andere Ansprüche als ein eher ruhiger. Eine Englische Bulldogge ist mit etwa 12 Monaten ausgewachsen, jedoch kann es manchmal weitere zwölf bis 18 Monate dauern, bis Ihr Hund seine Spitzenform als Ausstellungskandidat erreicht.

Die Ernährung des älteren Hundes

Wenn Hunde älter werden, verändert sich ihr Stoffwechsel. Der ältere Hund ist gewöhnlich weniger aktiv, bewegt sich langsamer und schläft häufiger. Diese Veränderungen in seiner Lebensart und physiologischen Leistung erfordern auch eine Ernährungsumstellung.

Da sich die Veränderungen langsam einstellen, sind sie nicht immer leicht zu bemerken. Was Sie dagegen einfach und schnell feststellen werden, ist dass Ihr Hund an Gewicht zunimmt. Wenn Sie ihn bei einem verlangsamten Stoffwechsel weiterhin mit dem gewohnten Futter ernähren, nimmt er automatisch zu, und Übergewicht fördert bei älteren Hunden jene Gesundheitsprobleme, die mit dem natürlichen Alterungsprozess in Verbindung stehen.

Wenn Ihr Hund älter wird, lässt auch die Funktionsfähigkeit der meisten Organe nach. Die Nieren arbeiten langsamer, und die Verdauung ist auch nicht mehr so effektiv, wie sie einmal war. Diesen altersbedingten Faktoren wird am bes-

Fütterungstipp

- Das Hundefutter muss Zimmertemperatur haben. Ein Napf mit ständig frischem Wasser ist selbstverständlich, vor allem wenn Sie Trockenfutter füttern.
- Füttern Sie Ihren Hund niemals am Tisch, während Sie essen. Füttern Sie

Ihren Hund niemals mit Essensresten, die oft zu fett oder stark gewürzt sind.
- Hunde müssen ihr Futter kauen, dabei sind harte Pellets ideal, Suppen und Brei sollten Sie vermeiden.
- Fügen Sie einem Fertigfutter nicht wahllos irgendwelche Zusätze hinzu, denn damit verändern Sie die Ausgewogenheit dieser Produkte.
- Außer einer gesundheits- oder altersbedingten Umstellung braucht der Hund keine große Abwechslung in der Ernährung. Sie können jeden Tag das gleiche Futter bekommen, ohne davon krank zu werden.

ten mit einer Ernährungs- und Fütterungsumstellung begegnet – mehrere kleine Portionen sind besser verdaulich als wenige große.

Englische Bulldogge

So etwas wie die „optimale Ernährung" für ältere Hunde gibt es nicht. Während vielen Hunden ein leichtes Seniorenfutter am besten bekommt, ist anderen mit einem Welpenfutter oder einer speziellen Ernährung aus Lammfleisch und Reis besser gedient. Widmen Sie der Ernährung Ihrer alten Englischen Bulldogge viel Aufmerksamkeit, denn dadurch können andere im Alter auftretende Probleme oftmals einfacher kontrolliert werden.

Wasser

Wasser ist lebensnotwendig. Es sorgt für die korrekte Hydration des Körpers und sichert eine normale Funktion der Körpersysteme. Während der Erziehung zur Stubenreinheit ist es wichtig, dass Sie die von Ihrem Welpen aufgenommene Wassermenge kontrollieren. Ist er jedoch vollständig stubenrein, dann sollte er jederzeit unbegrenzten Zugriff auf frisches, sauberes Trinkwasser haben, besonders dann, wenn sie ausschließlich Trockenfutter verabreichen. Der Wassernapf sollte stets sauber sein und das Wasser regelmäßig gewechselt werden.

Bewegung

Alle Hunde benötigen mehr oder weniger viel Bewegung. Ein phlegmatischer Lebensstil ist für einen Hund genauso ungesund wie für Menschen, jedoch zählt die Englische Bulldogge nicht zu den übermäßig aktiven Rassen, weshalb Sie selbst kein Athlet sein müssen, um ihr zu der nötigen Bewegung zu verhelfen. Regelmäßige Spaziergänge, kurze Spielphasen oder das ausgiebige Herumstromern im Garten unter Aufsicht, sind für sie völlig ausreichende Bewegungsmöglichkeiten. Vergessen Sie dabei bitte nicht, dass übergewichtige Hunde niemals plötzlichen körperlichen Anstrengungen ausgesetzt werden sollten. Stattdessen sollten Sie dafür sorgen, dass der Hund langsam und schrittwei-

Wussten Sie schon?

Sie sollten gut darauf achten, wo Sie Ihren Hund frei herumlaufen lassen. Viele öffentliche Anlagen sind mit Herbiziden und Insektenvernichtungsmitteln behandelt, die für Hund und Mensch giftig sind. Lassen Sie Ihren

Hund niemals Gras fressen oder aus Pfützen und Teichen trinken, denn die Chemikalien und Herbizide reichern sich hier schnell an.

se immer etwas mehr Bewegung erhält. Bewegung ist nicht nur für das körperliche, sondern auch für das geistige Wohlbefinden Ihres Hundes wichtig. Ein gelangweilter Hund sucht sich eine Beschäftigung, was oftmals in destruktive Verhaltensweisen ausartet. In diesem Sinne trägt ausreichende Bewegung nicht nur zum geistigen Wohlbefinden des Hundes, sondern auch seines Halters bei.

Die Körperpflege

Fellpflege
Eine Naturborstenbürste oder ein Fellpflegehandschuh reichen für die regelmäßige Fellpflege vollkommen aus.

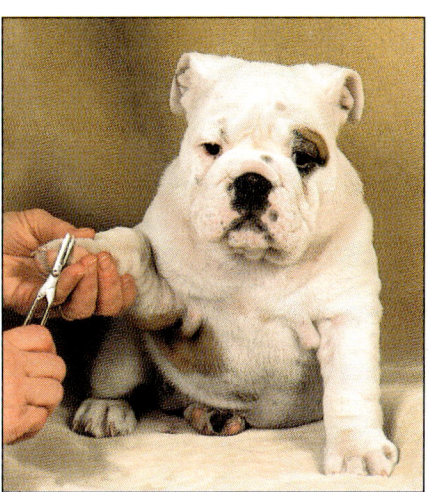

Wenn Ihr Welpe bereits an Pflegemaßnahmen gewöhnt wird, haben Sie es später leichter.

Durch tägliches Bürsten wird totes Haar effektiv entfernt und die Produktion natürlicher Hautöle angeregt, die das Fell glänzen und gesund aussehen lassen. Obwohl das Fell der Englischen Bulldogge kurz ist und eng am Körper anliegt, sollte es für ein optimales Aussehen täglich fünf Minuten gebürstet werden. Die regelmäßige Fellpflege ist auch eine gute Möglichkeit, Zeit mit Ihrem Hund zu verbringen. Viele Hunde genießen das Gebürstetwerden sehr und sehen dieser täglichen Routine mit Freude entgegen.

Baden
Hunde müssen nicht so häufig und regelmäßig baden wie Menschen, jedoch trägt auch bei ihnen das Baden zur Gesunderhaltung der Haut und einem schön glänzenden Fell bei. Auch hier gilt, umso besser Sie Ihren Welpen mit dem Gebadetwerden vertraut machen, desto unproblematischer ist die Prozedur beim erwachsenen Hund. Wenn Sie ihn nicht

Pflegezubehör

Hier einige Beispiele, welche Hilfsmittel für die Körperpflege Ihres Hundes nützlich sind:

- Naturborstenbürste
- Drahtbürste
- Schere
- Föhn
- Gummimatte
- Hundeshampoo
- Ohrreiniger
- Wattebällchen
- dicke Handtücher
- Krallenschneider
- Krallenfeile

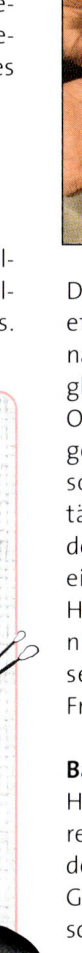

Englische Bulldogge

Beim Bürsten Ihres Hundes entfernen Sie totes Haar und regen die Hautölproduktion an. Ihr Tierfachhandel bietet eine große Auswahl an Hundebürsten und -kämmen.

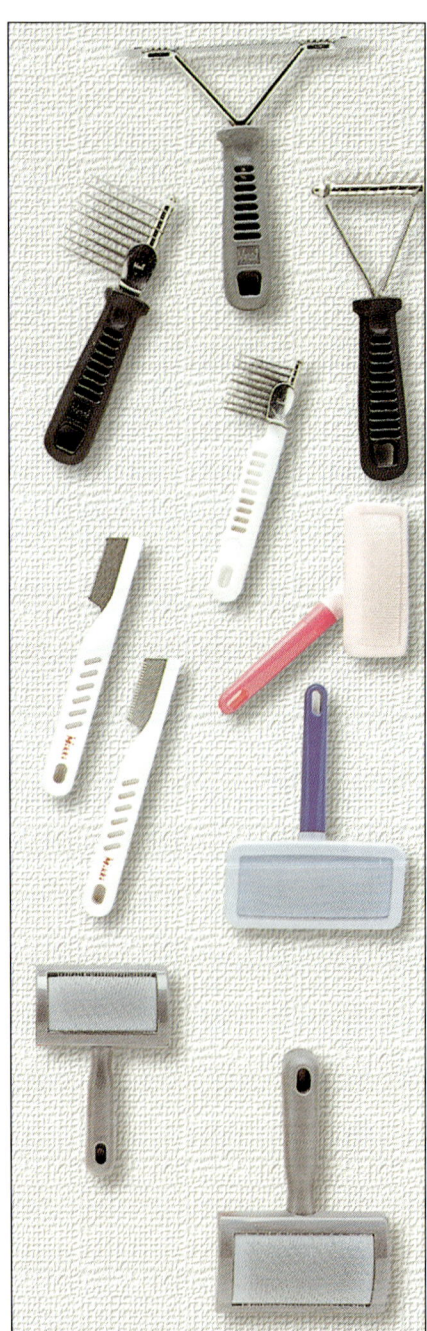

von klein auf daran gewöhnen, von Zeit zu Zeit gebadet zu werden, dann kann das Ganze für Sie, Ihre Wohnung und Ihren Hund zu einem nassen und seifigen Alptraum werden.

Bevor Sie Ihren Hund baden, sollten Sie sein Fell gründlich durchbürsten, damit verfilztes und verklettetes Haar entfernt wird, was bei nassem Fell bedeutend schwieriger ist. Er sollte beim Baden auf einer rutschfesten Unterlage stehen. Nun wird zuerst das Fell durchnässt, wozu sich ein Duscharm oder ein Gartenschlauch am besten eignen. Achten Sie darauf, dass das Wasser weder zu kalt noch zu warm ist.

Nun wird das Shampoo aufgetragen, gut verteilt und gleichmäßig ins Fell einmassiert. Zu diesem Zweck sollte ein spezielles Hundeshampoo und keinesfalls eines für das menschliche Haar verwendet werden. Nachdem der Körper eingeseift ist, wird der Kopf gewaschen, wobei darauf zu achten ist, dass kein Wasser und/oder Shampoo in die Ohren gelangt. Bei dieser Gelegenheit können Sie auch die Haut Ihres Hundes auf Unebenheiten, Beulen, Zecken und andere Abnormitäten hin abtasten. Baden Sie ihn im wahrsten Sinne des Wortes von Kopf bis Pfote und lassen auch die schlechter erreichbaren Körperpartien nicht aus.

Nachdem Ihr Hund rundherum eingeseift ist, muss das Shampoo wieder genauso gründlich ausgespült werden, denn im Fell verbleibende Shampooreste führen zu Hautreizungen. Auch müssen Augen und Ohren vor dem Eindringen von Seifenwasser geschützt werden. Nach dieser Prozedur sollten Sie sich darauf gefasst machen, dass sich Ihr Hund ausgiebig schüttelt, um so das Wasser aus dem Fell zu schleudern. Dies sollte bevorzugt im Freien geschehen.

Reinigung der Ohren

Die Ohren eines Hundes sollten stets saubergehalten und die Haare in den Ohren zurückgeschnitten werden. Die Ohren können mit einem Wattebausch und speziellen Reinigungsmitteln oder mit Ohrpuder für Hunde gesäubert werden. Achten Sie dabei aufmerksam auf jegliche Anzeichen für Infektionen oder einen Ohrmilbenbefall. Wenn Ihre Eng-

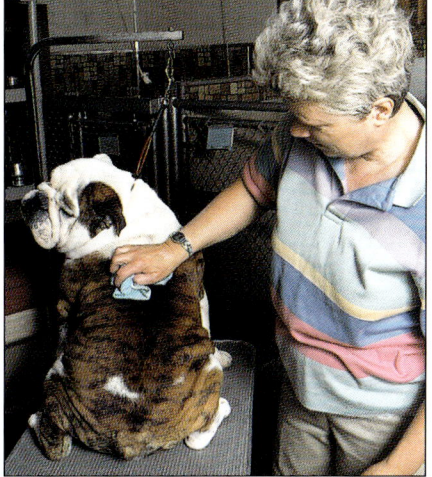

Ein Gästehandtuch ist zum Reinigen der Hautfalten im Gesicht und am Körper Ihrer Englischen Bulldogge ideal.

Die Englische Bulldogge verlangt nur wenig Fellpflege und Bäder. Spezielle Pflegewerkzeuge sind im Tierfachhandel erhältlich.

Die Ohren einer Englischen Bulldogge lassen sich einfach mit Watte reinigen. Achten Sie auf Ohrmilben oder deren Ausscheidungen in den Ohren.

Gewöhnen Sie bereits Ihren Welpen ans Krallenschneiden. Mit etwas Ermutigung wird er eine regelmäßige Maniküre problemlos akzeptieren.

lische Bulldogge häufig ihren Kopf schüttelt oder sich in den Ohren kratzt, ist das gewöhnlich ein Zeichen für ein vorliegendes Problem. Verströmen die Ohren einen ungewöhnlichen Geruch, ist das ein klarer Hinweis auf einen Milbenbefall oder eine Infektion, weshalb umgehend ein Tierarzt zu Rate gezogen werden sollte.

Das Beschneiden der Krallen

Ihre Englische Bulldogge sollte so früh wie möglich daran gewöhnt werden, sich ohne Gegenwehr die Krallen beschneiden zu lassen, denn diese Prozedur stellt einen festen Bestandteil ihrer lebenslangen Körperpflege dar. Abgesehen davon, dass die Pfoten so besser aussehen, ist es eher eine Sicherheitsmaßnahme, denn lange Krallen stellen für Sie und Ihre Familie eine unnötige Verletzungsgefahr dar. Außerdem kann sich Ihr Hund eine lange Kralle viel schneller an- oder ausreißen, und darüberhinaus lassen lange Krallen die Zehen weit aus-

einanderstehen. Eine gute Faustregel ist die, dass wenn Sie die Krallen beim Laufen auf dem Boden hören können, es Zeit zum Beschneiden ist.

Bevor Sie nun darauf losschneiden, sollten Sie sich davon überzeugen, dass Sie die Ader in jeder Kralle deutlich sehen können. Diese Ader verläuft in der Mitte jeder Kralle und reicht bis in die Nähe der Krallenspitze. Wenn sie versehentlich beim Krallenschneiden verletzt wird, kommt es zu einer starken Blutung. Da dabei empfindliche Nervenenden verletzt werden, verursachen Sie Ihrem Hund Schmerzen. Es ist deshalb empfehlenswert, während des Krallenbeschneidens für den Notfall etwas blutstillende Watte oder einen entsprechenden Puder zur Hand zu haben. Auf die Schnittstelle aufgetragen, kommt die Blutung schnell wieder zum Stillstand. Falls es zu einem solchen Unfall kommen sollte, geraten Sie bitte nicht in

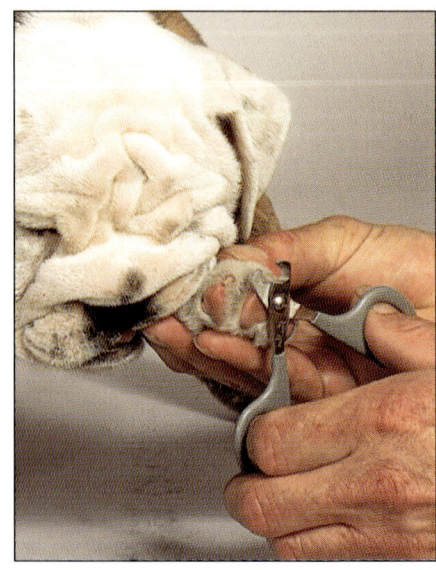

Panik, sondern bringen die Blutung zum Stoppen und reden dabei besänftigend auf Ihren Hund ein. Nachdem er sich beruhigt hat, wenden Sie sich der nächsten Kralle zu. Es ist das Beste, anstatt eines relativ großen Stücks eher mehrmals kleine Teile der Kralle abzuknipsen, besonders bei Hunden mit dunklen Krallen, wo die Ader kaum zu erkennen ist. Es ist wichtig, dass Ihr Hund bei dieser Prozedur stillsitzt, denn jede plötzliche

Wussten Sie schon?

Bei Hunden, die viel Zeit im Freien verbringen und auf harten Oberflächen wie Beton oder Straßenpflaster laufen, nutzen sich die Krallen auf natür-

liche Weise ab. Das Krallenbeschneiden ist dann meistens nur in den Wintermonaten nötig. Generell sollten Sie Ihren Hund schon als Welpen an diese Prozedur zu gewöhnen. Viele Hunde reagieren auf die Berührung ihrer Pfoten sehr empfindlich, sind sie jedoch von klein auf an daran gewöhnt, sollte es auch in Zukunft keine Probleme geben.

Krallenpflege

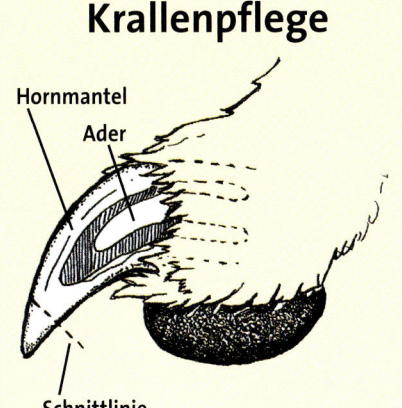

Hornmantel
Ader

Schnittlinie

Dunkel gefärbte Kralle

Bei dunklen Krallen ist die Ader oft nicht zu erkennen. Knipsen Sie sie stückchenweise ab oder gebrauchen Sie eine Feile.

Hell gefärbte Kralle

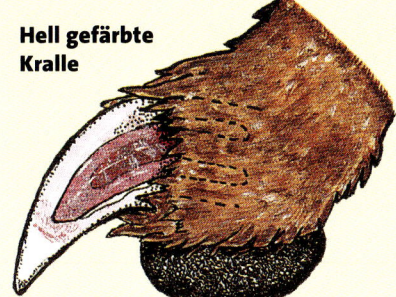

Bei hellen Krallen ist das Beschneiden viel einfacher, denn die Ader in der Kralle ist gut zu erkennen.

Die Krallen Ihres Hundes sollten regelmäßig beschnitten werden. Wenn Sie das Klicken der Krallen beim Laufen hören können, sind sie zu lang. Der Tierfachhandel bietet spezielle Krallenscheren an.

Knipsen Sie nur die Nagelspitze ab, ohne die Ader zu verletzen, ansonsten blutet es und Ihr Hund hat Schmerzen. Haben Sie immer einen Blutstiller zur Hand. Beruhigen Sie den Hund durch freundliches Zureden.

Bewegung wie das Wegziehen der Pfote oder Aufspringen und Weglaufen stellen eine Verletzungsgefahr dar. Reden Sie mit ihm in ruhigem und sanftem Ton, halten Sie dabei eine Pfote fest in einer Hand und beschneiden dabei die Krallenspitzen, eine nach der anderen, mit der freien Hand. Spezielle Krallenschneider für Hunde sind dafür am besten geeignet und in guten Tierfachhandlungen oder auch vom Tierarzt erhältlich.

Reisen mit Ihrem Hund

Autofahren

Ihr Hund sollte sich bereits als Welpe an das Fahren in einem Auto gewöhnt haben. Auch wenn Sie Ihren Hund gewöhnlich nicht im Auto spazierenfahren, so müssen Sie doch hin und wieder mit ihm zum Tierarzt, und Sie werden bestimmt nicht wollen, dass diese Ausflüge für ihn zu traumatischen Erlebnissen und für Sie zu einer Tortur werden. Der sicherste Platz für ihn im Auto ist seine Hundebox. Sie können zu dem Zweck die selbe Box verwenden, die ihm auch zu Hause zur Verfügung steht.

Reise-Tipp

Lassen Sie Ihren Hund niemals allein im Auto. Im geschlossenen Auto kann Ihr Hund an Hitzschlag sterben. Selbst ein im Schatten geparktes Auto kann sich innen sehr schnell aufheizen. Offengelassene Fenster können gefährlich werden, wenn Ihr Hund versucht, aus seinem „Gefängnis" auszubrechen und sich dabei verletzt.

Reise-Tipp

Wenn Sie sich mit Ihrem Hund auf eine längere Autoreise begeben, informieren Sie sich vorher, ob in den Hotels Hunde erlaubt sind. In vielen Hotels ist das nicht der Fall. Haben Sie auch immer etwas Wasser dabei, das Ihr Hund aber nur in den Pausen trinken darf.

Stellen Sie die Box im Auto auf die Rückbank, setzen Sie Ihren Welpen hinein und beobachten seine Reaktion. Wenn ihm diese Situation so gar nicht zu behagen scheint, kann ihn auch eine mitfahrende Person auf dem Schoß halten, allerdings wird das bei einem ausgewachsenen Exemplar problematisch. Eine weitere Möglichkeit ist der Gebrauch eines speziellen Sicherheitsgeschirrs für Hunde, das den Hund ähnlich wie ein Sicherheitsgurt auf seinem Platz festschnallt.

Lassen Sie ihn jedoch niemals frei im Auto herumlaufen, denn dies ist ausgesprochen gefährlich! Wenn Sie scharf bremsen müssen, fliegt er wie ein Geschoss durch das Auto und kann sich – und Sie – dabei schwer verletzen. Klettert er während der Fahrt auf Ihnen herum und ist Ihnen ständig im Wege, werden Sie sich nur schwer auf die Straßenführung und den Verkehr konzentrieren können – eine gefährliche und unfallträchtige Situation für Mensch und Tier. Auf längeren Reisen ist darauf zu achten, dass Sie zwischendurch anhalten,

Der sicherste Platz für Ihre Englische Bulldogge im Auto ist ihre Box. Erlauben Sie Ihrem Hund niemals, sich während der Fahrt frei im Auto zu bewegen.

Auslandsreisen

Wenn Sie mit Ihrem Hund ins Ausland reisen, sind bereits einige Monate zuvor spezielle Vorbereitungen zu treffen, da die Richtlinien zur Einfuhr in jedem Land unterschiedlich sind. Es können spezielle Gesundheitsbescheinigungen oder Impfungen verlangt werden, die oftmals innerhalb einer bestimmten Zeit vor Reiseantritt verabreicht werden müssen. In tollwutfreien Ländern wird eine Impfbescheinigung verlangt. In manchen Fällen muss sogar eine Quarantänezeit eingehalten werden, bevor sich Ihr Hund frei bewegen darf.

damit sich Ihr Hund erleichtern kann. Zu diesem Zweck sollten Sie alles Nötige bei sich haben, um seine Hinterlassenschaften entfernen zu können.

Für den Fall, dass er im Auto einen „Unfall" hat oder unter Reisekrankheit leidet, sollten Sie außerdem ein altes Handtuch oder einen alten Putzlappen und etwas Wasser bei sich haben.

Flugreisen

Für eine Flugreise müssen Sie sich zeitig vor Reiseantritt mit der betreffenden Fluggesellschaft in Verbindung setzen, damit spezielle Vorbereitungen für den Aufenthalt Ihres Hundes im Flugzeug getroffen werden können. Es ist keineswegs ungewöhnlich für Hunde, im Flugzeug zu reisen, jedoch muss in jedem Fall eine Genehmigung der Fluggesellschaft vorliegen. Der Hund wird gewöhnlich in einer Fiberglasbox transportiert. Um ihm diese Prozedur etwas angenehmer zu gestalten, können Sie eines seiner Lieblingsspielzeuge mit in die Box legen. Er darf für mindestens sechs Stunden vor Abflug nicht gefüttert werden, um die Notwendigkeit sich zu erleichtern, so weit wie möglich einzuschränken. Es gibt allerdings bestimmte Vorschriften, die besagen, dass ihm auch während des Fluges Wasser zur Verfügung stehen muss.

Stellen Sie sicher, dass Ihr Hund einwandfrei zu identifizieren ist und sich Ihre Kontaktdaten an seinem Halsband befinden. Da Tiere generell in einem anderen Flugzeugabteil als die Passagiere transportiert werden, besteht ein gewisses Risiko, dass Sie durch einen dummen Zufall getrennt werden.

Aufenthalt im Zwinger

Sie wollen also Familienurlaub machen und alle Familienmitglieder dabei haben. Natürlich buchen Sie für jeden Urlaub die Unterkünfte für die Familie im Voraus, jedoch ist dieser Schritt besonders wichtig, wenn einer der Mitreisenden ein Hund ist. Sie wollen bestimmt nicht

Reise-Tipp

Lassen Sie Ihren Hund in Pausen niemals ohne Leine am Rastplatz herumlaufen. Er kennt das Gelände genauso wenig wie Sie. Er könnte weglaufen oder sich entscheiden, einer vorbeikommenden Katze hinterher zu jagen – und Sie sehen Ihren geliebten Hund dann vielleicht nie wieder.

das Risiko eingehen, eine Übernachtung im einzigen Hotel weit und breit einzuplanen, in dem keine Hunde erlaubt sind. Sie werden andererseits auch keine Zimmer für sich und die Familie buchen, ohne zu erwähnen, dass auch ein Hund mit von der Partie ist, denn wenn das gegen die Hausordnung verstößt, stehen auch Sie ohne Unterkunft da.

Alternativ dazu könnten Sie sich entschließen, Ihren Hund nicht mit auf die Reise zu nehmen, was bedeutet, dass Sie sich für die Dauer Ihres Urlaubes um eine Unterkunft für ihn kümmern müssen. Nun könnten Sie ihn zu einem freundlichen und tierlieben Nachbarn geben, oder dieser könnte jeden Tag mindestens zweimal in Ihrem Heim vorbeischauen oder auch vorübergehend bei Ihnen wohnen. Sie können Ihren Hund aber auch in einem zuverlässigen Zwinger in die Ferien schicken. Wenn Sie sich für diese Lösung entscheiden, sollten Sie sich den Zwinger vorher genau ansehen und sich davon überzeugen, dass die dortigen hygienischen und sonstigen Bedingungen auch Ihren Vorstellungen entsprechen. Sprechen Sie mit den Angestellten und finden Sie heraus, wie die Hunde von diesen behandelt werden – verbringen sie gemeinsame Zeit mit ihnen, spielen sie mit ihnen und verschaffen sie ihnen die benötigte Bewegung?

Erkundigen Sie sich auch nach den Richtlinien des Zwingers für Impfungen und welche verlangt werden. Diese Richtlinien dienen dem Schutz aller Hunde im Zwinger, denn das Risiko zur Ausbreitung von Krankheiten ist dort, wo viele Hunde zusammen gehalten werden, naturgemäß größer.

Identifikation

Welpen haben neben dem ideellen Wert, den sie für ihre Halter besitzen, durchaus auch einen finanziellen Wert. Besonders bei selteneren und wertvolleren Rassen besteht die Gefahr, dass sie gestohlen werden. Das übliche Namensschild am Halsband ist leicht zu entfernen, deshalb muss Ihr Hund dauerhaft gekennzeichnet sein! Hierfür stehen zwei Methoden zur Verfügung: Die Kennzeichnung mit Mikrochips und das Tätowieren der Hunde. Jeder im Bereich des VDH gezüchtete Hund ist mit seiner Zuchtbuchnummer im Ohr tätowiert; in anderen Fällen spricht nichts dagegen, seinen Hund mit irgendeiner anderen Nummer tätowieren zu lassen. Wenn professionelle Hundefänger einen so gekennzeichneten Hund sehen, verlieren sie üblicherweise das Interesse, da Versuchslabors tätowierte Hunde in der Regel nicht kaufen. Der Mikrochip ist nicht größer als ein Reiskorn. Er trägt eine bestimmte Registriernummer und wird mittels einer Injektion unter der Haut des Hundes plaziert. Wenn der entlaufene Hund dann bei einem Tierarzt oder im Tierheim abgegeben wird, kann er mit Hilfe des Chips identifiziert werden. Mit einem Lesegerät wird die Nummer festgestellt und über ein zentrales Register werden die Daten des Hundes abgefragt. Das Tätowieren wird oft von den Zuchtwarten der Vereine, die Implantation eines Mikrochips nur von Tierärzten durchgeführt.

Erziehung und Training
Ihrer Englischen Bulldogge

Das Leben mit einem unerzogenen Hund ähnelt der Situation, ein Klavier zu besitzen ohne es spielen zu können – man verfügt über etwas, das schön anzusehen ist, was einem aber außer dem Stolz es zu besitzen, keinen weiteren Nutzen bringt. Wenn man dann aber Klavierunterricht nimmt, erwacht das Instrument zum Leben und lässt sich zauberhafte Töne und Rhythmen entlocken, die Herz und Seele erfreuen. Das Gleiche trifft auch auf Ihre Bulldogge zu. Jeder Hund stellt eine große Verantwortung dar und kann ohne das richtige Training ein unakzeptables Verhalten entwickeln, das Sie ärgern und wütend machen oder sogar zu einem Familienkrach führen kann.

Um Ihre Englische Bulldogge gut zu erziehen, möchten Sie sich vielleicht einer Klasse für Gehorsamstraining anschließen. Das gibt Ihnen die Möglichkeit, Ihrem Hund Manieren beizubringen, während Sie lernen, warum er ein bestimmtes Verhalten zeigt. Lernen Sie, mit ihm zu kommunizieren und seine Körpersprache zu verstehen. Plötzlich nimmt er in Ihrem Leben eine neue Stellung ein – er ist elegant, interessant, gut erzogen, unterhaltsam und zeigt Ihnen jeden Tag aufs Neue seine enge Bindung und Zuneigung. Mit anderen Worten, Ihr Hund ist Balsam für Ihr Ego, indem er Ihnen ständig zu verstehen gibt, dass Sie nicht nur sein Rudelführer, sondern auch sein Held sind.

Die Experten, die als Hundetrainer tätig sind und Hundehalter beraten, haben zum Thema Hundehaltung einige interessante Entdeckungen gemacht. Beispielsweise führt das Training von Welpen zu der höchsten Erfolgsrate bei der Entwicklung von wohlerzogenen und anpassungsfähigen erwachsenen Hunden. Die Ausbildung eines bereits etwas älteren Hundes, beispielsweise ab einem Alter von sechs Monaten bis zum sechs-

Wussten Sie schon?

Wenn Sie einen gesunden, normal entwickelten Hund haben und in seine Erziehung etwas Zeit und Geduld investieren, werden Sie sich ihr ganzes

gemeinsames Leben lang an den Früchten Ihrer Arbeit erfreuen. Sie und Ihr Hund werden viel mehr Spaß an ihrer Freundschaft haben, die Sie gemeinsam mit Liebe, Respekt und Verständnis aufgebaut haben.

Trainings-Tipp

Einen Hund zu trainieren ist eine Erfahrung fürs Leben. Viele Eltern

sagen, dass sie vieles von dem, was sie über die Erziehung von Kindern wissen, durch den Umgang mit ihren Hunden gelernt haben. Hunde sprechen auf Liebe, Fairness und Führung genauso gut an wie Kinder. Ein guter Hundehalter ist vielleicht auch ein noch besserer Elternteil.

ten Lebensjahr, kann ein gleichwertiges Ergebnis erzielen, vorausgesetzt, der Halter berücksichtigt die etwas eingeschränktere Lernfähigkeit und ist gewillt, seinen Hund durch viel Geduld zu unterstützen, um sein vorhandenes Potential voll auszuschöpfen. Unglücklicherweise ist es gerade die Geduld, die den meisten Haltern von unerzogenen erwachsenen Hunden fehlt, weshalb sie nicht die Ausdauer haben, das Training so lange fortzusetzen, bis ihre Hunde beim Erlernen bestimmter Verhaltensweisen erfolgreich sind. Beispielsweise

kann man das Trainieren eines Welpen im Alter von zehn bis 16 Wochen (spätestens mit 20 Wochen) mit dem Eintauchen eines trockenen Schwammes in einen Wassereimer vergleichen. Der Welpe „saugt" umgehend alles in sich auf, was Sie ihm zeigen, und ist ständig auf der Suche nach neuem Lernstoff.

In diesem frühen Alter produziert sein Körper noch keine Sexualhormone, und ohne diese konzentriert er sich voll auf seinen Halter. Sie sind sein Rudelführer, seine Quelle für Futter, Wasser, Obdach

Wussten Sie schon?

Für den Hund entsprechen Ihre Hände seiner Schnauze: Sie halten fest, liebkosen, wehren ab und vieles mehr. Es ist also eine völlig natürliche Reaktion, dass er Sie zwickt, wenn Sie ihn

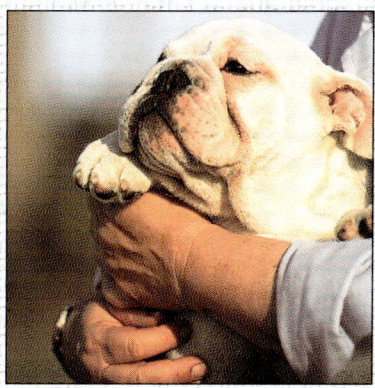

beispielsweise durch grobes Anfassen zwicken – und keinesfalls echte Aggressivität! Und obwohl Beißen grundsätzlich nicht akzeptabel ist: Zuallererst müssen Sie lernen, mit Ihrem Hund richtig umzugehen.

und Sicherheit. Gewöhnlich folgt er Ihnen von Raum zu Raum, lässt Sie auch im Freien nicht aus den Augen und reagiert auf andere Menschen und Tiere in gleicher Weise, wie Sie es tun. Wenn Sie einen Freund herzlich begrüßen, wird er dies ebenfalls tun. Wenn Sie dagegen einem Fremden gegenüber zurückhaltend sind oder sogar ängstlich reagieren, wird seine Reaktion auf diese Person dieselbe sein.

Wenn der Körper des Welpen mit der Hormonproduktion beginnt, kommt auch seine natürliche Neugierde an den Tag, und er fängt an, die Welt um sich herum eingehend zu erforschen. Dies

Denken Sie nach!

Hunde reagieren sehr sensibel auf die Stimmungs- und Gefühlslage ihres Besitzers. Benutzen Sie deshalb Ihre Stimme sehr vorsichtig, wenn Sie

Ihren Hund ansprechen. Werden Sie wirklich nur dann laut, wenn Sie ärgerlich sind und ihn tadeln! Er würde es nicht verstehen, wenn Sie ihn grundlos „anbellen", und irgendwann gar nicht mehr hinhören.

Fressenszeit

Ihr Welpe darf während der Fressenszeiten nicht abgelenkt oder gestört werden. Stellen Sie seinen Futternapf

in eine Ecke der Küche, in der er völlig ungestört ist und wo keine hektische Betriebsamkeit herrscht. Achten Sie besonders darauf, dass Ihre Kinder den Kleinen beim Fressen in Ruhe lassen! Es wäre nur zu verständlich, wenn er sich wehren würde!

ist genau der Zeitpunkt, an dem der Halter eines nicht erzogenen Hundes feststellt, dass sich sein Hund von ihm zu entfernen beginnt und ihn sowie die erteilten Befehle schlicht ignoriert.

Gewöhnlich findet sich immer eine Hundeschule in akzeptabler Entfernung zu Ihrem Heim, aber Sie werden Ihren Hund auch viel zu Hause selber trainieren. In manchen Fällen verlangen Hundeschulen ziemlich hohe Beiträge, aber egal, wie die Situation auch sein mag, die Lösung für dieses Problem findet sich auf den folgenden Seiten dieses Buches.

Erziehungsratschlag

Ein Hund tut alles, um Ihre Aufmerksamkeit zu erlangen. Wenn Sie Ihren Hund für ruhiges und artiges Verhalten belohnen, wird er sich zu einem

Hund mit guten Manieren entwickeln. Wenn Sie ihn aber immer aufgeregt und überschwänglich begrüßen und ihn zum Herumtoben in der Wohnung animieren, wird er mit Ruhelosigkeit und Hektik antworten.

Dieses Kapitel ist dazu gedacht, Ihnen dabei zu helfen, Ihre Bulldogge zu Hause auszubilden. Wenn Sie die empfohlenen Schritte genau befolgen, sollten sich positive Ergebnisse bald einstellen. Ob es sich bei Ihrer Bulldogge um einen Welpen oder einen erwachsenen Hund handelt, ist nebensächlich, denn die Trainingsmethoden sind dieselben. Kein Hund mag eine schroffe oder unmenschliche Behandlung; andererseits ist die Reaktion aller empfindsamen Lebewesen auf sanfte, motivierende Methoden, Ermutigung und Lob generell positiv. Lassen Sie uns also beginnen.

Die Stubenreinheit

Sie können Ihren Welpen dahingehend trainieren, dass er sein Geschäft genau dort erledigt, wo Sie es wünschen, jedoch muss es sich dabei um ein geeignetes Plätzchen handeln. Denken Sie daran, dass Sie seine Hinterlassenschaften beseitigen müssen, wenn sich Ihr Hund im Freien außerhalb Ihres eigenen Gartens erleichtert. Aus diesem Grund sollten Sie stets eine kleine Schaufel und eine Plastiktüte bei sich haben.

Das Stubenreinheitstraining schließt im Freien Plätze wie Grasflächen, Sandstellen und auch Betonböden ein. In der Wohnung wird Zeitungspapier verwendet.

Wussten Sie schon?

Im Grunde sind Hunde die besseren Menschen: Sie sind tolerant, vorurteilsfrei und akzeptieren uns als ihresgleichen. Sie ordnen sich uns sogar

unter. Welpen sehen Kinder jedoch als gleichrangig an. Darum ist ihr Verhalten zu Kindern auch deutlich anders als das gegenüber ihrem erwachsenen „Rudelführer".

Auf der Suche nach einem geeigneten Gassiörtchen sollten Sie sich für einen bestimmten Platz und eine gleichbleibende Oberfläche entscheiden. Wenn Sie mit dem Training auf einer Grasfläche beginnen und sich dann nach zwei Monaten für Beton entscheiden, wird die Erziehung für Ihren Hund und Sie unnötig erschwert.

Der nächste Schritt ist der, sich ein Kommando auszusuchen, das von nun an ausschließlich für genau diesen Zweck und vor allem permanent benutzt wird

Wo sich der Toilettenplatz Ihres Hundes auch immer befindet, er muss saubergehalten werden.

– „Mach Häufchen" oder „Nun Gassi" sind häufig verwendete Befehle. Gewöhnen Sie sich an, Ihren Hund vor dem Gassigehen das spezielle Kommando zu geben. Auf diese Art werden Sie später einfach erkennen können, ob er nach draußen will oder nicht. Ein „Ja" signalisiert er durch Schwanzwedeln, einen eindringlichen Blick oder einfach dadurch, dass er zur Tür läuft.

Grasboden ist als Toilettenplatz am besten geeignet, denn Hunde scheinen diesen anderen harten Oberflächen vorzuziehen.

Ansprüche eines Welpen

Welpen müssen sich nach jeder Spielstunde, jeder Mahlzeit, jedem Schläfchen und immer dann lösen, wenn sie anzeigen, dass sie auf der Suche nach einem Plätzchen zum Koten oder Uri-

nieren sind. Die Schließmuskeln des Harn- und Verdauungstraktes sind bei jungen Welpen noch nicht vollständig entwickelt, weshalb sie sich – genau wie Babys – häufiger entleeren müssen.

Führen Sie Ihren Welpen häufig nach draußen – im Alter von acht Wochen jede Stunde –, sowie nach den Mahlzeiten und dem Aufwachen. Je älter der Welpe wird, umso seltener muss er sich erleichtern. Ein gesunder, erwachsener Hund muss nur drei bis fünf Mal am Tag nach draußen.

Unterbringung

Da die Art der Unterbringung und die Kontrolle, die Sie Ihrem Welpen zukommen lassen, in einem direkten Zusammenhang mit einer erfolgreichen Erziehung zur Stubenreinheitstraining stehen, wollen wir diese beiden Punkte besprechen, bevor wir mit der eigentlichen Erziehung beginnen.

Einen Welpen nach Hause zu bringen und ihn dann frei im Haus herumlaufen zu lassen, ist etwa das Gleiche, als würde man ein Kind in einem Sportstadion aussetzen und ihm sagen, dass der ganze Platz ihm gehört. Die im Vergleich ungeheuerliche Größe dieses Ortes wäre mehr,

Entwicklungsstufen des Hundes

Es ist wichtig zu verstehen, wie und in welchem Alter ein Welpe sich zum erwachsenen Hund entwickelt. Als Welpenbesitzer sollten Sie den nachfolgenden Plan über die verschiedenen Entwicklungsstufen, die ein Junghund durchläuft, zu Rate ziehen, um so herauszufinden, in welcher Phase sich Ihr Welpe gerade befindet. Diese Kenntnis wird Ihnen in den ersten Wochen und Monaten bei der Arbeit mit Ihrem Hund eine große Hilfe sein.

Phase	Alter	Merkmale
ERSTE BIS DRITTE	GEBURT BIS 7 WOCHEN	Der Welpe braucht Futter, Schlaf und Wärme und reagiert auf sanfte Berührung; er braucht seine Mutter, die ihm Sicherheit gibt und ihn erzieht, und seine Geschwister, um den Umgang mit anderen Hunden zu lernen; er lernt Rudelverhalten und die Rangordnung im Rudel zu akzeptieren. Er fängt an, mit Erwachsenen und Kindern Kontakt aufzunehmen und bewusst seine Umgebung wahrzunehmen.
VIERTE	8 BIS 12 WOCHEN	Das Gehirn ist voll entwickelt. Jetzt muss die Gewöhnung an die Außenwelt beginnen. Mutter und Geschwister werden immer weniger gebraucht. Kann jetzt vom Hunde- ins Menschenrudel wechseln und begreift schnell die menschliche Dominanz. Von acht bis 16 Wochen hat der Welpe seine „ängstliche" Phase; furchterregende und schmerzhafte Erfahrungen sollten von ihm ferngehalten werden.
FÜNFTE	13 BIS 16 WOCHEN	Beginn des Gehorsamstrainings. Reduzieren Sie den Kontakt Ihres Welpen zu anderen Hunden etwas, bringen Sie ihn mehr in menschliche Gesellschaft. Denken Sie daran: Nun beginnt der Wechsel zum Erwachsensein. Behandeln Sie ihn fest, aber gerecht! Sein Fluchtinstinkt ist jetzt deutlich ausgeprägt. Sowohl zu große Nachgiebigkeit als auch übermäßige Strenge können irreparable Schäden anrichten. Loben Sie ihn bei jeder Gelegenheit!
JUNGHUND	4 BIS 8 MONATE	Noch eine „ängstliche" Phase im Alter von sieben bis acht Monaten, die zwar schnell vorüber ist, aber dennoch sollte er in dieser Zeit nicht verschreckt werden oder Schmerz erleiden. Die Geschlechtsreife ist erreicht; die wichtigsten Charakterzüge sind gefestigt. Er sollte „Sitz", „Platz", „Komm" und „Bleib" befolgen können.

Anmerkung: Dies ist nur ein ungefährer Zeitrahmen. Einzelne Unterschiede bei den Welpen sind zu berücksichtigen.

Englische Bulldogge

als es verkraften kann. Stattdessen sollten Sie Ihrem Welpen deutlich eingegrenzte Bereiche zur Verfügung stellen, wo er spielen, schlafen, fressen und leben kann. Ein Raum, in dem sich auch die Familie am häufigsten aufhält, ist die beste Möglichkeit. Hunde sind soziale Tiere und müssen von Anfang an das Gefühl haben, ein Teil des Rudels zu sein. Ihre Stimme zu hören, Sie beobachten zu können und Ihren Geruch wahrzunehmen, sind allesamt positive Vergewisse-

Kein Zeitungspapier

Sie dürfen den Schlafbereich Ihres Welpen keinesfalls mit Zeitungspapier auslegen. Vermutlich ist er beim Züchter mit Zeitungspapier aufgewachsen,

das den Kleinen als Löseplatz gedient hat. Daran wird er sich auch bei Ihnen sofort erinnern. Wenn Sie dies nicht ausdrücklich beibehalten wollen (an einer bestimmten Stelle!), sollten Sie kein Zeitungspapier auf den Boden legen. Übrigens sollten Sie Ihren Welpen vor dem Schlafen nicht zu viel trinken lassen – dann hält er nachts viel besser durch.

rungen, dass er ein festes Mitglied Ihres Rudels ist. Das Wohnzimmer oder auch die Küche sind ideale Räumlichkeiten, die dem Welpen Sicherheit und Geborgenheit vermitteln.

Innerhalb des ausgewählten Zimmers sollte es einen Bereich geben, den der Welpe sein Eigen nennen kann. Eine gemütliche Ecke, eine Gitter- oder Fiberglasbox oder ein abgetrennter Zimmerteil, von wo aus er die Aktivitäten seiner Familie beobachten kann, wären ideal. Entscheidend ist die Größe dieses Bereiches oder der Box. Der Welpe muss in jedem Fall genug Platz haben, um sich hinlegen, ausstrecken und aufstehen zu können, ohne dabei irgendwo anzustoßen. Andererseits muss der Platz auch so bemessen sein, dass er sich nicht in einer Ecke erleichtern und in der anderen friedlich schlafen kann, bis er vollständig stubenrein ist. Hunde sind von Natur aus saubere Tiere, die sich niemals in der Nähe ihrer „Toilette" aufhalten, es sei denn, sie werden dazu gezwungen. In solchen Fällen werden sie zu unsauberen Hunden.

Der Schlaf- und Spielbereich des Welpen sollte mit einer sauberen Decke ausgelegt sein. Daneben sollte er dort auch imer die Möglichkeit haben, sich mit seinem Spielzeug selbst zu beschäftigen.

Nehmen Sie die Leine!

Sie sollten Ihren Hund, sobald er etwas älter ist, nicht mehr zu seinem Löseplatz tragen. Führen Sie ihn an der Leine dorthin. Wenn Sie nicht rechtzeitig auf-

hören, ihn zu seiner „Toilette" zu tragen, werden Sie das letztendlich auf ewig tun müssen – und Ihr Kleiner hat die Genugtuung, Sie erzogen zu haben!

Kontrolle

Mit Kontrolle ist gemeint, Ihrem Welpen dabei zu helfen, eine Lebensweise zu entwickeln, die mit Ihrer in Einklang steht. Genauso, wie wir Kleinkinder auf unseren Lebensweg zu führen versuchen, müssen wir auch den Welpen lehren, wann es Zeit zum Spielen, Fressen, Schlafen, für gemeinsame Aktivitäten ist, und wann er sich mit sich selbst beschäftigen soll.
Ihr Welpe sollte stets in seiner Box schlafen. Er sollte sich auch daran gewöhnen, sich, während Sie die Hausarbeit erledigen und die Familie zu den Mahlzeiten

zusammenkommt, in seine Box zurückzuziehen und sich mit sich selbst zu vergnügen. Wann immer Sie Ihren Hund alleine lassen, sollte er die Zeit bis zu Ihrer Rückkehr in seiner Box verbringen. Wie bereits mehrfach erwähnt, sind Welpen „Nagetiere", die den Unterschied zwischen einem Kauspielzeug und Lampenkabeln, Fernsehkabeln, Schuhen, Tischbeinen oder ähnlichen Objekten nicht kennen. Das Durchnagen eines Elektrokabels kann Ihren Welpen nicht nur das Leben kosten, sondern auch einen Wohnungsbrand auslösen.
Wenn Ihr Welpe, während er alleine ist, die Armlehne Ihres Lieblingssessels zerlegt, werden Sie vermutlich ausgespro-

Die goldene Regel

Die goldene Regel des Hundetrainings ist einfach – für jedes Kommando gibt es nur eine richtige Reaktion. Ein Kommando wird so lange geübt, bis der Hund ohne zu zögern in der gewünsch-

ten Form darauf reagiert. Wiederholen Sie die Übung, ohne dabei monoton zu werden, denn Hunde sind genauso schnell gelangweilt wie Menschen.

Zufallserfolge

Zufallserfolge sind echte Glücksfälle, aber leider kurzlebig. Dagegen ist der Erfolg, der sich aufgrund von wohl-

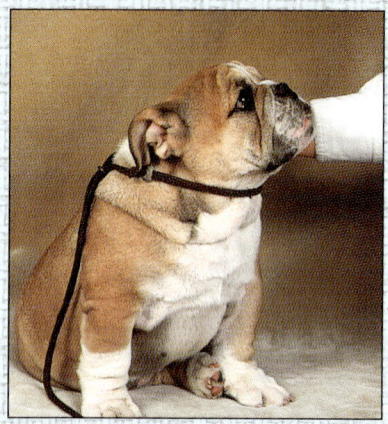

durchdachten, hundegerechten Trainingsmethoden häufig sogar leichter einstellt, von Dauer. Diese Erfolgsmethode bietet Ihnen als Welpenbesitzer die einfache, aber erprobte Möglichkeit, Ihren Welpen zu einem sauberen Hund zu erziehen, der sich in seiner Umgebung wohl fühlt.

chen verärgert sein und Ihn nach Ihrer Rückkehr dafür bestrafen wollen. Das führt jedoch nur dazu, dass er diese Bestrafung mit Ihrer Heimkehr und nicht mit seiner Schandtat in Verbindung bringt, denn an die kann er sich bereits nicht mehr erinnern.

Aufregende Ereignisse wie Familienfeiern und dergleichen können auch Ihrem Hund Spaß bereiten, vorausgesetzt, er kann die Aktivitäten von einem sicheren

Plätzchen wie seiner Box aus verfolgen. So kann er den vielen Menschen nicht zwischen die Beine geraten und wird auch nicht mit allen möglichen Appetithäppchen gefüttert, die ihm vermutlich den Magen verderben würden.

Der Tagesablauf

Wie bereits erwähnt, sollten Sie Ihren Welpen generell immer dann Gassi führen, wenn er seine Box verlässt, nachdem er gefressen hat, nach der Spielstunde, wenn er am Morgen aufwacht (im Alter von acht Wochen kann das um fünf Uhr morgens der Fall sein) und

wann immer er durch geschäftiges Herumlaufen und -schnüffeln anzeigt, dass er ein Geschäft erledigen muss. Bei einem Welpen im Alter von unter zehn Wochen ist dafür ein stündlicher Rhythmus nötig. Mit zunehmendem Alter hält der Welpe dann länger durch.

Der Weg zur festgelegten „Toilette" sollte möglichst kurz sein. Warten Sie nicht länger als fünf bis sechs Minuten darauf, dass Ihr Welpe sein Geschäft verrichtet, bevor Sie wieder in Ihre Wohnung zurückkehren. Verrichtet er sein Geschäft innerhalb dieser Zeit, loben Sie ihn ausgiebig und bringen ihn umge-

Trainingsregeln

- Trainieren Sie ihn nicht, wenn Sie müde, krank, ärgerlich oder in einer negativen Stimmung sind. Diese Ausstrahlung überträgt sich auf den

Da Englische Bulldoggen unnachgiebige Kauer sind, sollten alle Kauobjekte Ihres Hundes unbedenklich und sicher sein.

Hund und beeinflusst seine Leistung.
- Trainieren Sie Ihren Hund drei- bis fünfmal täglich für einige Minuten.
- Vermeiden Sie lange Trainingszeiten, Ihr Welpe verliert sonst schnell seine Konzentrationsfähigkeit.

Training soll Spaß machen, kurz und vor allem ein positives Erlebnis sein. Beenden Sie jedes Training mit einer Übung, die der Hund gut kennt, und einem ausgiebigen Lob. So helfen Sie Ihrem Hund dabei, am Training genauso viel Freude zu haben wie Sie.

hend nach Hause zurück. Verstreicht die Zeit unverrichteter Dinge und kommt es dann in der Wohnung zu einem „Unfall", sagen Sie in strengem Ton „Nein!" und führen ihn zurück zu seiner „Toilette". Dort warten Sie weitere fünf Minuten und bringen ihn wieder nach Hause. Sie dürfen Ihren Welpen niemals schlagen oder ihn mit der Nase in seine Exkremente stoßen, wenn er einen „Unfall" in der Wohnung hatte!

Wieder zu Hause angelangt, setzen Sie ihn in seine Box, bis Sie die Folgen des Unfalls beseitigt haben. Danach lassen Sie ihn aus der Box, behalten ihn aber

genau im Auge. Es besteht die Möglichkeit, dass der Unfall darauf zurückzuführen ist, dass Sie die Anzeichen nicht bemerkt oder einfach zu lange damit gewartet haben, ihm die Möglichkeit zum Erleichtern zu geben. Verhalten Sie sich bei Unfällen in der Wohnung dem Welpen gegenüber niemals nachtragend. Geben Sie ihm die Möglichkeit zu lernen, dass der Gang nach draußen heißt, dass es Zeit für sein Geschäft und nicht zum Spielen ist. Wenn er erst einmal vollständig stubenrein ist, wird er kein Problem da-

Die Erfolgsmethode

1. Schritt Sagen Sie dem Welpen „Geh in die Box!" und setzen Sie ihn mit einer kleinen Belohnung (beispielsweise einem Stück Käse oder einem Stück vom Hundebisquit) hinein. Lassen Sie ihn fünf Minuten in der Kiste und bleiben im selben Raum. Dann lassen Sie ihn heraus und loben ihn überschwenglich. Holen Sie ihn aber keinesfalls heraus, wenn er jammert! Warten Sie so lange, bis er ruhig ist.

2. Schritt Wiederholen Sie Schritt eins mehrmals am Tag.

3. Schritt Am zweiten Tag setzen Sie den Kleinen in seine Box wie am Vortag, lassen ihn aber erst nach zehn Minuten wieder heraus. Wiederholen Sie dies mehrmals.

4. Schritt Machen Sie so weiter; steigern Sie die Verweilzeiten in der Box aber jeweils um fünf Minuten, bis der Welpe 30 Minuten ohne Murren in seiner Box bleibt – immer noch in Ihrer Anwesenheit! Vergessen Sie nicht, ihn nach so langem Aufenthalt in der Kiste immer sofort zu seinem Löseplatz zu bringen.

5. Schritt Beginnen Sie bei Schritt eins, verlassen Sie jedoch nun den Raum, während der Kleine in der Box ist.

6. Schritt Steigern Sie die Verweilzeit in der Box wieder in Fünf-Minuten-Schritten, bis er 30 Minuten ruhig darin bleibt, ohne dass Sie im Zimmer sind. Wenn er dabei sogar einschläft, haben Sie gewonnen – und können ihn unbesorgt für mehrere Stunden in seiner Box lassen.

In sechs Schritten an die Box gewöhnt

mit haben, drinnen und draußen zu spielen und trotzdem deutlich zwischen Spiel- und „Toilettenzeit" zu unterscheiden.

Helfen Sie ihm dabei, einen regelmäßigen Stundenplan zu entwickeln, der ihm sagt, dass es nun Zeit ist, sich zum Schlafen, Spielen oder Ausruhen in seine Hundebox zurückzuziehen. So gewöhnt er sich auch daran, sich alleine in seiner Box zu vergnügen, wenn Sie nicht zu Hause sind.

Ermuntern Sie Ihren Welpen dazu, sich, während Sie Ihren Hausarbeiten nachgehen, mit sich selbst zu beschäftigen. Ihre Nähe wirkt zwar beruhigend auf ihn, jedoch muss er lernen, dass Sie ihm nicht unentwegt Ihre ungeteilte Aufmerksamkeit widmen können.

Jedesmal, wenn Sie ihn in seine Box setzen, begleiten Sie diesen Vorgang mit einem bestimmten Satz oder Kommando – „Zeit für die Box" oder was Ihnen auch immer dazu einfällt. Nach einer Weile wird er automatisch zu seiner Box laufen, sobald er diese inzwischen vertrauten Worte hört.

Das Boxentraining bietet Ihnen, Ihrem Hund und Ihrem Heim Sicherheit. Es vermittelt Ihrem Welpen außerdem ein Gefühl von Geborgenheit, was erheblich zur erfolgreichen Stubenreinheit beiträgt und das Selbstbewusstsein Ihres Hundes stärkt. Denken Sie immer daran, dass einer der wichtigsten Punkte in der Erziehung zur Stubenreinheit die Kontrolle ist. Unabhängig davon, wie sich Ihr Lebensstil normalerweise gestaltet, wird es immer Gelegenheiten geben, bei denen Sie einen sicheren und vertrauten Platz für Ihren Hund brauchen. Das Boxentraining bietet Ihnen die perfekte Lösung für die verschiedensten Situationen.

Zusammenfassend gesagt, liegt das Geheimnis eines erfolgreichen Boxentrainings und der Erziehung zur Stubenreinheit in nur wenigen Schlüsselelementen – Konsequenz, Regelmäßigkeit, Lob, Kontrolle und Aufsicht. Wenn Sie einen gesunden Welpen Ihr Eigen nennen und sich an diese Regeln halten, werden Sie und er sich bald gemeinsam eines erfüllten Lebens voller Spaß und ohne „Unfälle" erfreuen können.

Stubenreinheit

Konsequenz ist das Geheimnis des Erfolgs. Bringen Sie Ihren Welpen immer an dieselbe Stelle, benutzen Sie immer dasselbe Kommando, und halten Sie ihn an seinem Löseplatz stets an der Leine. Mit dieser empfehlenswerten

Methode ist Ihr Welpe verlässlich sauber im Haus, wenn die Entwicklung seiner Muskulatur und seines Gehirns abgeschlossen ist. Dies ist übrigens bei kleinen Hunden häufig früher der Fall als bei großen, da sie generell schneller reifen; spätestens im Alter von sechs Monaten sollten alle Welpen stubenrein sein.

Disziplin, Belohnung und Bestrafung

Disziplin ist die Erziehung dazu, sich bestimmten Regeln entsprechend zu verhalten. Sie bringt Ordnung ins Leben – das ist so einfach wie es klingt. Ohne Disziplin gewinnt das Chaos die Oberhand, was vorallem auf eine soziale Gemeinschaft zutrifft, die in einem solchen Chaos unweigerlich untergeht.

Menschen und Hunde sind soziale Lebewesen und brauchen eine gewisse Disziplin. Sie müssen Nahrung heranschaffen, ihr Heim und ihre Nachkommen beschützen und sich zum Zweck der Arterhaltung vermehren.

Wenn es im Leben von sozialen Lebewesen keine Disziplin gäbe, würden sie letztendlich verhungern und von stärkeren Konkurrenten umgebracht und gefressen werden. Im Fall von domestizierten Hunden bedeutet Disziplin ein geordnetes Leben und die Einsicht, welche Regeln in ihrem Rudel (Ihre Familie) herrschen und wie sie sich diesen Regeln entsprechend benehmen müssen.

Ein Meinungsforschungsinstitut hat kürzlich in einem dicht besiedelten Gebiet Umfragen durchgeführt, bei denen es um die Zufriedenheit von Hundebesitzern und um die Beziehung dieser zu ihren Hunden ging. Die Hundehalter, die ihre Hunde trainiert hatten, waren zu 75 % zufriedener mit ihnen als solche, die ihren Hunden keine Ausbildung hatten zukommen lassen.

Dr. Edward Thorndike, ein Psychologe, stellte die „Thorndike'sche Theorie des Lernens" auf, die besagt, dass ein in einem positiven Ereignis resultierendes Verhalten willig wiederholt wird. Ein Verhalten, das ein negatives Ereignis zur Folge hat, wird hingegen nicht wiederholt. Auf genau diesen Regeln basieren die heutigen Trainingsmethoden. Wenn Sie einen Hund dahingehend erziehen, dass er ein bestimmtes Verhalten zeigt, und ihn dafür belohnen, wird er es aller Wahrscheinlichkeit nach immer und immer wieder tun, denn das Endresultat hat sein Gefallen gefunden.

Gelegentlich ist eine Bestrafung für ein unakzeptables Verhalten unumgänglich. Die beste Form der Bestrafung erfolgt oftmals durch eine externe Quelle. Beispielsweise sagen Sie Ihrem Kind, es soll seine Finger vom Herd lassen, da es sich sonst verbrennen wird. Das Kind zeigt keinen Gehorsam und fasst auf die Herdplatte, wobei es sich natürlich die Finger verbrennt. Die Bestrafung folgte auf dem Fuße, und zwar durch den Herd anstatt durch Sie. Das Ergebnis ist, dass Ihr Kind gelernt hat, vor der Hitze des Herdes Respekt zu haben, und ihn bestimmt nicht wieder anfassen wird. Dies zeigt, dass ein in einem negativen Ereignis resultierendes Verhalten im Normalfall nicht wiederholt wird.

Ein gutes Beispiel für einen Hund, der seine Lektionen durch Ungehorsam lernt, ist der, der die Hauskatze jagt. Es wurde ihm immer wieder gesagt, er solle die Katze in Ruhe lassen, doch er besteht darauf, sie weiterhin zu ärgern. Eines Tages jagt er die Katze, die dreht sich plötzlich um, holt aus und versetzt ihm mit ihren Krallen einen Hieb, was eine äußerst schmerzhafte Schramme hinterlässt. Da auch der Dümmste aus solchen Fehlern lernt, wird er in Zukunft einen Bogen um die Katze machen.

Achtung!

Während Sie Ihren Hund trainieren, werden Sie auch von ihm trainiert. Hunde tun Dinge, um Aufmerksamkeit zu erlangen, und wiederholen, was immer erfolgreich war, um Aufmerksamkeit zu erhalten.

Trainingsregeln

1. Versetzen Sie sich so gut wie möglich in Ihren Hund; versuchen Sie zu verstehen, wie er „denkt"!
2. Tadeln Sie ihn nicht, wenn er abgelenkt ist!

3. Erkennen Sie die ganz eigene Persönlichkeit Ihres Hundes und handeln Sie entsprechend!
4. Haben Sie Geduld; seien Sie beharrlich und konsequent!

Das Trainingszubehör

Halsband und Leine

Für das Training Ihrer Englischen Bulldogge sollten Sie ein Halsband und eine Leine auswählen, die auch für Sie einfach zu handhaben, nicht zu schwer und vor allem absolut sicher sind. Wenn Ihr Hund unnachgiebig an der Leine zieht, kann ein Würgehalsband die beste Lösung sein, wenn Sie mit dem Umgang vertraut sind!

Leckerbissen

Sie sollten beim Training stets einige gesunde Leckerbissen bei sich haben. Etwas Weiches und Nahrhaftes, was sich

Das Halsband sollte nicht zu eng sein, sich aber auch nicht einfach abstreifen lassen. Eine Nylonleine ist für das Training ausreichend, jedoch werden Sie für Spaziergänge eine festere Leine brauchen.

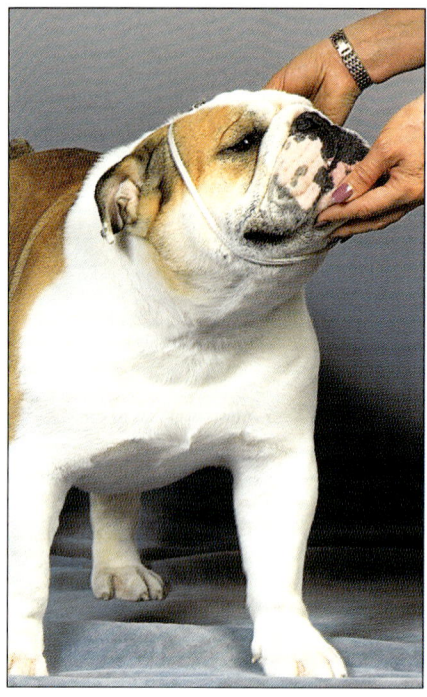

Das Training beginnt... am besten mit einer Frage

Um Ihrem Hund etwas beibringen zu können, müssen Sie zuerst seine Aufmerksamkeit erlangen. Schließlich wird er kaum etwas lernen können, wenn er von Ihnen wegschaut und sich seine Gedanken um andere Dinge drehen. Um seine Aufmerksamkeit zu erlangen, fragen Sie ihn „Training?" (oder „Schule?"), gehen umgehend nach der Frage auf ihn zu und geben ihm einen Leckerbissen, was Sie mit dem Lob „Guter Hund" begleiten. Dann warten Sie ein oder zwei Minuten und wiederholen die Übung, jedoch bleiben Sie nun mit dem Leckerbissen in der Hand etwa einen oder zwei Schritte vor ihm stehen, halten ihm den Leckerbissen entgegen und stellen erneut Ihre Frage „Training?". Er wird den Leckerbissen in Ihrer Hand wahrnehmen, wahrscheinlich aufstehen und auf Sie zugehen. Ist er bei Ihnen angekommen, loben Sie ihn und geben ihm den Leckerbissen.

Beim dritten Versuch stehen Sie in einer nicht allzu großen Entfernung zu ihm, halten den Leckerbissen in der Hand und

einfach hinunterschlucken lässt, ist am besten geeignet – kleine Käse- oder gekochte Hähnchenstücken sind besser geeignet als trockene Hundekuchen. Bis der Hund einen harten Leckerbissen verspeist hat, weiß er bereits nicht mehr, wofür er eigentlich belohnt wurde, außerdem wird das Training zu lange unterbrochen und Ihr Hund verliert seine Konzentration. Der Gebrauch von Belohnungen in Form von Futter führt nicht dazu, dass der Hund anfängt bei Tisch zu betteln – der einzige Weg dazu ist der, am Tisch Futterhappen vom Teller an ihn zu verfüttern. Im Training hilft der verabreichte Leckerbissen dem Hund bei der Assoziation zwischen dem Erlernen neuer Verhaltensweisen und dem damit verbundenen Lob des Halters.

Ihre Englische Bulldogge wird für das korrekte „Sitz" etwas Hilfe brauchen. Manche Hunde sind störrischer und müssen auf den Hinterbeinen Druck spüren, bevor sie das Kommando befolgen.

machen nur wenige Schritte auf ihn zu, so dass er den größten Teil der Strecke zurücklegen muss, um Sie sowie den Leckerbissen zu erreichen und für die Leistung gelobt zu werden.

Zu diesem Zeitpunkt hat Ihr Hund vermutlich bereits gelernt, Ihnen seine Aufmerksamkeit zu schenken, besonders wenn Sie ihm die bestimmte Frage stellen. Er lernt, dass die Frage in unmittelbarem Zusammenhang mit Spaß, Bewegung, Leckerbissen, Lob und Ihrer Aufmerksamkeit steht.

Denken Sie stets daran, dass er nicht in der Lage ist, das gesprochene Wort zu verstehen, sondern das Gesagte lediglich am Klang und Tonfall unterscheidet. Ihre Frage stellt für ihn eine Reihe von Tönen dar, die er als Signal erkennt und zu Ihnen kommt, um Ihnen seine Aufmerksamkeit zu widmen. Tut er das, erhält er dafür Ihr Lob und Leckerbissen.

Seien Sie offen!

Hunde unterscheiden sich voneinander ebenso stark wie Menschen. Was bei einem Hund Erfolg hat, muss nicht

bei jedem erfolgreich sein. Seien Sie aufgeschlossen, testen Sie verschiedene Trainingsmethoden.

Die Grundausbildung

Das „Sitz"

Nachdem Sie nun wissen, wie Sie die Aufmerksamkeit Ihres Hundes auf sich ziehen, stellen Sie sich rechts neben ihn und halten die Leine in Ihrer rechten und den kleinen Leckerbissen in der linken Hand. Halten Sie ihre linke Hand so, dass er an dem Leckerbissen lecken und riechen, ihn aber nicht aus Ihrer Hand nehmen kann. Geben Sie das Kommando „Sitz" und heben dabei die Hand mit dem Leckerbissen langsam hoch, so dass Ihr Hund der Hand mit den Augen nach oben folgt. Sobald er den Kopf nach oben reckt, muss er seine Hinterbeine beugen, um sein Gleichgewicht zu halten, was automatisch dazu führt, dass er sich

Leckerbissen beim Training sind der schnellste Weg, Ihrem Hund Kommandos beizubringen. Das „Sitz" wird generell als das erste zu erlernende Kommando empfohlen.

Leckerbissen unterstützen nur anfangs das Erlernen neuer Übungen. Wenn Ihr Hund gelernt hat, welche Reaktion von ihm auf welches Kommando hin erwartet wird, beginnen Sie damit, ihn von den Leckerbissen zu entwöhnen und vorwiegend mit Worten zu loben. Schließlich haben Sie Ihre Stimme immer bei sich, wohingegen Sie einen Leckerbissen nicht immer zur Hand haben werden.

Das „Platz"

Ihrem Hund das „Platz"-Kommando beizubringen ist einfach, wenn Sie wissen, wie sich ein Hund hinlegt – wenn nicht, ist es umso schwerer. Für Hunde stellt das Hinlegen eine Unterwerfungsgeste dar, so dass der Versuch, Ihrem Hund das „Platz" mit zuviel Nachdruck beizubringen, in einer Angstpsychose gipfelt und er, wann immer das Kommando „Platz" gegeben wird, davonläuft oder die ihn hinunterdrückende Hand beißt.

Zunächst lassen Sie Ihren Hund links neben sich sitzen. Sie halten Leine und Leckerbissen in der rechten Hand, legen Ihre linke Hand sachte auf die Schultern des Hundes, genau dort, wo die Schul-

Das „Platz" kann etwas problematisch sein. Es wird mit einem Leckerbissen leichter erlernt als dadurch, Ihren Hund mit physischer Gewalt in die Position zu zwingen.

hinsetzt. In diesem Moment überlassen Sie ihm den Leckerbissen und loben ihn über den grünen Klee – „Guter Hund, sitz, guter Hund". Ihr Lob sollte stets enthusiastisch klingen, denn es soll eine Ermunterung sein und den Stolz des Halters über die erbrachte Leistung widerspiegeln, so dass sich dieser auch auf den Hund überträgt.

Sie werden nicht für ewig Leckerbissen als Lob und Anreiz benutzen, um Ihren Hund zum Gehorsam zu bewegen. Die

terblätter über der Wirbelsäule zusammenkommen, üben jedoch keinen Druck aus, sondern lassen die Hand lediglich dort liegen. Auf diese Weise können Sie ihn beim Hinlegen führen, damit er so dicht wie möglich neben ihrem linken Bein bleibt und sich nicht zur anderen Seite fallen lässt.

Nun halten Sie ihm den Leckerbissen unter die Nase, sagen mit fester, aber leiser Stimme „Cäsar, platz!" und führen dabei Ihre Hand samt dem Leckerbissen langsam nach unten zu seinen Vorderpfoten hin. Wenn Ihre Hand den Boden erreicht, bewegen Sie sie langsam nach vorne vom Hund weg. Dabei wiederholen Sie das Kommando wieder und im-

mer wieder. Ihre Stimme ermutigt den Hund, der nun versucht Ihrer Hand zu folgen, um den Leckerbissen zu ergattern. Dabei beugt er sich immer weiter nach unten, knickt schließlich die Vorderbeine ein, und sobald seine Ellbogen den Boden berühren, geben Sie ihm den Leckerbissen und loben mit enthusia-

Wussten Sie schon?

Der regelmäßige Kontakt zu Ihren eigenen Haustieren oder den Haustieren von Freunden oder Bekannten

prägt das Verhalten Ihres Hundes gegenüber fremden Tieren schon im Welpenalter entscheidend. Ihre Art, sich diesen Tieren zu nähern, wird auch sein Verhalten bestimmen – jetzt und möglicherweise auch später.

stischer, aber sanfter Stimme – „Guter Hund, platz, guter Hund".

Versuchen Sie, ihn für einige Sekunden durch sanftes Rückenstreicheln in der Platz-Position zu halten, bevor Sie ihn aufstehen lassen. Das Ziel dieser Übung ist es zu erreichen, dass er sich in dieser Stellung entspannt und nicht bedroht fühlt.

Das "Bleib" können Sie in jeder beliebigen Position lehren: im „Steh", „Sitz" oder „Platz".

Loben Sie Ihre Englische Bulldogge für jedes korrekt durchgeführte Kommando. Das Training sollte stets eine positive und erfreuliche Erfahrung für den Hund sein.

97

Wussten Sie schon?

Ein Hund versteht unsere Sprache nicht, er reagiert auf bestimmte Laute und auf Ihren Tonfall. Getreu dem Motto

„Der Ton macht die Musik" hat ein sanftes, fröhliches „Nein!" für ihn eine völlig andere Bedeutung als ein wütend gebrülltes „Nein!". Benutzen Sie nie seinen Namen, wenn Sie mit ihm schimpfen, nur das kurze, klare „Nein". Dass ein Hund den eigentlichen Sinn eines Wortes nicht versteht, machen sich einige Bühnenunterhalter zunutze: Sie bringen ihrem Hund bei, genau das Gegenteil dessen zu tun, was sie eigentlich von ihm fordern.

Beenden Sie das Training stets positiv mit einem Kommando, das Ihr Hund gut beherrscht. Ihr Lob und ein Leckerchen sind der richtige Weg zum Beenden des Trainings.

Das „Bleib"

Es ist einfach, einen Hund dahin zu bringen, dass er aus dem „Sitz" oder „Platz" nicht selbständig wieder aufsteht. Auch hier wird wieder ein Leckerbissen benutzt und während des Lernens gelobt, um dem Hund verständlich zu machen, was von ihm verlangt wird.

Um Ihrem Hund das „Sitz-Bleib" beizubringen, beginnen Sie damit, dass er

links neben Ihnen sitzt und Sie die Leine in der rechten sowie den Leckerbissen in der linken Hand halten. Nun halten Sie ihm die Hand mit dem Leckerbissen vor die Nase, sagen mit sanfter Stimme „Bleib" und machen mit dem rechten Bein einen Schritt nach vorne, wobei Sie sich nach links drehen, so dass Sie ihm direkt gegenüberstehen und lassen ihn an dem Leckerbissen schnüffeln und knabbern.

Achten Sie dabei darauf, dass der Kopf des Hundes Kopf weiterhin nach oben gerichtet ist, damit er auch in der „Sitz"-Position bleibt. Zählen Sie bis fünf, drehen sich danach mit einem Rückwärtsschritt zurück, so dass Sie wieder neben ihm stehen. Sobald Sie Ihre Ausgangs-

position erreicht haben, geben Sie ihm den Rest des Leckerbissens und loben ihn ausgiebig.

Für das „Platz-Bleib" bringen Sie ihn zuerst wie vorher beschrieben in die „Platz"-Position. Sobald er links neben Ihnen liegt, halten Sie ihm den Leckerbissen hin, sagen „Bleib", machen mit dem rechten Bein einen Schritt vorwärts, drehen sich wie beim „Sitz-Bleib" nach links und stellen sich somit direkt vor ihn. Sie zählen wieder bis fünf und begeben sich dann wiederum zurück in Ihre Ausgangsposition neben ihn. Dann geben Sie ihm den Leckerbissen und loben ihn.

Nach Ablauf von einer Woche oder zehn Tagen können Sie bei diesen beiden Übungen einen kleinen Abstand zwischen sich und Ihrem Hund halten. Wenn Sie sich in einem Abstand zu ihm befinden, unterstützen Sie das Kommando „Bleib" mit einem Handsignal, indem Sie ihm die offene Handfläche entgegenhalten, so wie ein Verkehrspolizist einem Autofahrer anzeigt, dass er stehenbleiben soll. Den Leckerbissen halten Sie in ihrer linken Hand, jedoch berührt diese nun nicht mehr die Nase

„Komm"

Auch wenn Sie Ihren Hund rufen, verwenden Sie immer das gleiche Kommando. Solange sich Ihr Hund auf der

Suche nach Ihnen befindet, können Sie im lockenden Ton mit ihm sprechen. Wiederholen Sie das Kommando, so dass sich der Hund an den Klang dieses Befehls gewöhnt. Kurze, ein- oder zweisilbige Kommandos lernt Ihr Hund schneller als lange.

Eine Belohnung in Form eines Leckerchens macht das „Sitz und bleib" für den Hund erfreulicher und für den Trainer einfacher.

des Hundes. Er wird die Hand mit der Leckerei beobachten und schnell lernen, dass er diese erhält, sobald Sie zu Ihrer Ausgangsposition neben ihm zurückgekehrt sind.

Wenn Sie für die Dauer von 30 Sekunden in einem Abstand von einem Meter von Ihrem Hund entfernt stehen können, ohne dass er Ihnen folgt, beginnen Sie damit, den Abstand und die Dauer beider Übungen weiter zu verlängern. Ziel ist es, das Ihr Hund letztendlich so lange in einer dieser beiden Positionen verweilen wird, bis Sie zu ihm zurückkehren oder ihn zu sich rufen. Und vergessen Sie niemals das Lob für eine korrekte Leistung!

99

Das „Komm"

Wenn Sie aus dem „Komm" eine erfreuliche Erfahrung machen, sollten Sie niemals Probleme mit dem Befolgen dieses Befehls haben. Es scheint, dass das Geheimnis des Erfolges darin liegt, dabei das Wort „Komm" nicht zu verwenden. In der Praxis ruft ein Hundehalter seinen Hund meistens dann zu sich, wenn dieser etwas angestellt hat. Folglich ist der Halter in dieser Situation nicht gerade bester Laune oder sogar bereits ausgesprochen verärgert, was sich in seinem Tonfall und seiner Körperhaltung niederschlägt und somit deutlich für den

Komm besser nicht!

Rufen Sie Ihren Hund niemals mit dem Kommando „Komm", wenn er etwas angestellt hat und Sie ihn bestrafen

wollen. Das ist der sicherste Weg, aus dem „Komm"-Kommando ein „Lauf schnell weg" zu machen. Der Hund wird die erfolgte Bestrafung mit dem Befehl „Komm" in Verbindung bringen und nicht mit seiner zuvor begangenen Missetat.

Immer mit der Ruhe!

Trainieren Sie Ihren Hund niemals, wenn Sie verärgert oder in schlechter Stimmung sind. Hunde reagieren insbesondere auf Ärger äußerst sensibel und bringen Ihre schlechte Laune mit dem gemeinsamen Training in Verbindung. Dadurch wird das Training zu einer negativen Erfahrung und löst Widerwillen oder sogar Angst aus.

Hund zu erkennen ist. Dieser erhält so das bestimmte Gefühl, dass der Ruf seines Herrn nichts Gutes verspricht, weshalb er den Gehorsam verweigert oder sogar in entgegengesetzter Richtung davonläuft. Also machen Sie aus diesem Befehl ein Spiel, und wann immer Sie Ihren Hund zu sich rufen wollen, spielen Sie dieses Spiel mit ihm. Einer der einfachsten Wege zum Trainieren des „Komm"-Kommandos ist der, wenn sich mehrere Familienmitglieder mit jeweils einem Leckerbissen bewaffnet in verschiedene Zimmer begeben oder sich an unterschiedlichen Stellen im Garten plazieren. Nun ruft einer nach dem anderen den Hund zum „Komm" und belohnt dessen Gehorsam mit einem Leckerbissen und vielen lobenden Worten. Das Spiel läuft darauf hinaus, dass der Hund die ihn rufende Person durch Lokalisieren der Stimme finden muss und, wenn er das Spiel gewinnt, dafür ausgiebig belohnt wird. Nach nur kurzer Zeit wird er gelernt haben, dass wer immer dieses Spiel mit ihm spielt, eine Belohnung für ihn bereithält und er stets als Sieger hervorgeht. Er wird dieses Kommandospiel lieben und sofort von wo auch immer angelaufen kommen, sobald er den Ruf „Wo bist Du" vernimmt.

Das „Komm"-Kommando gilt als eines der wichtigsten, und dennoch haben es sich viele Hundetrainer zur Angewohnheit gemacht, den Befehl „Komm"" (da es so ein gebräuchliches Wort ist) beispielsweise durch die Frage „Wo bist Du?" zu ersetzen. Auch wenn dabei das eigentliche Kommando „Komm" nicht verwendet wird, ist sichergestellt, dass wenn immer jemand ruft „Wo bist Du", der Hund reagieren und freudig auf diese Person zulaufen wird. Ich kenne beispielsweise eine Dame, die einen zwölf Jahre alten erblindeten Hund besitzt, der sein Frauchen jederzeit und überall findet, sobald er ihre Stimme und die Frage „Wo bist Du?" vernimmt.

Den meisten Spaß bereitet dieses Spiel, wenn Kinder daran beteiligt sind, denn sie können sich an Orten verstecken, die Erwachsenen aufgrund ihrer Größe nicht zugänglich sind wie beispielsweise unter dem Bett oder in kleinen Nischen. Das macht das Ganze für den Hund zwar etwas schwieriger, dafür aber auch umso interessanter.

„Fuß"

Bevor Sie das Kommando „Bei Fuß" oder einfach nur „Fuß" mit Ihrem Hund ohne Leine üben, seien Sie sich zuerst sicher, dass er es mit Leine perfekt befolgt. Die ersten Versuche ohne Leine sollten Sie auf jeden Fall in einem eingezäunten Gebiet machen, falls Ihr Hund doch weglaufen sollte.

Trainings-Tipp

Wenn Sie das „Fuß"-Training mit langen Spaziergängen beginnen und Ihrem Hund erlauben, ständig an der

Leine zu ziehen, wird er dies als normal ansehen. Wenn Sie ständig an der Leine ziehen, um ihn zu korrigieren, wird er das als Ansporn nehmen, um noch kräftiger dagegenzuhalten.

Das „Fuß"

„Fuß" heißt, dass der Hund links neben seinem Halter herläuft, ohne dabei in welche Richtung auch immer wegzuziehen. Diese Übung erfordert vom Halter Zeit und Geduld, denn er muss dem Hund beibringen, dass er mit seiner Leistung erst dann zufrieden ist, wenn er ruhig und in gleichmäßigem Tempo, das Sie angeben, neben ihm herläuft. Das Vor-dem-Halter-Herlaufen oder Zurückbleiben ist genau wie ein seitliches Wegziehen generell unakzeptabel.

Sie beginnen dieses Training damit, dass Ihr Hund neben Ihrem linken Bein sitzt.

101

Sie halten die Leine so in Ihrer rechten Hand, dass sie in einem leichten Bogen locker durchhängt. Ihre freie linke Hand dient der Korrektur, wenn Ihr Hund nach vorne zieht oder zurückbleibt. In diesem Fall greifen Sie den losen Teil der Leine mit ihrer linken Hand und rucken kurz daran, um ihn dadurch zurück in die „Fuß"-Position zu bringen. Sobald er wieder in seiner korrekten Position ist, nehmen Sie Ihre linke Hand von der Leine, so dass sie wieder lose durchhängt.

Nun geben Sie das lockende Kommando „Fuß", laufen mit dem linken Bein los und machen drei Schritte nach vorne. Dann bleiben Sie stehen und lassen den Hund links neben sich sitzen. Loben Sie

ausgiebig, aber ohne ihn dabei anzufassen. Verharren Sie einen Moment, geben dann erneut das „Fuß"-Kommando, machen drei Schritte vorwärts, bleiben wieder stehen und bringen ihn links neben sich zum „Sitz".

Das Ziel hierbei ist, dass Ihr Hund diese drei Schritte dicht an Ihrer Seite mitläuft, ohne dabei zu ziehen oder zurückzubleiben. Haben Sie dieses Ziel erreicht, verlängern Sie auf fünf Schritte.

Nachdem er die Übung auch bei fünf Schritten korrekt ausführt, verlängern Sie die Laufdistanz auf zehn Schritte. Auf diese Weise trainieren Sie weiter und verlängern dabei immer wieder die Strecke, bis er ohne zwischenzeitliches Ziehen oder Stehenbleiben brav neben Ihnen herläuft, solange Sie das von ihm verlangen. Wann immer Sie stehen bleiben, muss er sich neben Sie setzen. Wenn Sie das Training beenden, loben sie ihn ausgiebig, verabreichen ein paar Streicheleinheiten und sagen „Guter Hund, Schluss für heute". Damit geben Sie ihm zu verstehen, dass das Training abgeschlossen und es nun Zeit zum Ausruhen ist.

Wenn Sie es mit einem Hund zu tun haben, der Sie fortwährend durch die Gegend zerrt, ziehen Sie die „Notbremse", setzen sich mit Nachdruck durch und bleiben konsequent, bis er begreift, dass Sie und er nirgendwo hingehen werden, bis er den ihm zugewiesenen Platz und Ihr Lauftempo akzeptiert hat. Es kann Sie einiges an Zeit und Nerven kosten, bis Sie ihm begreiflich gemacht haben, dass Sie auch hierbei der Chef sind, der entscheidet, in welche Richtung und wie schnell oder langsam gelaufen wird. Wann immer er sich in der richtigen

Trainings-Tipp

Beim Erteilen von Kommandos sollten Sie aufrecht stehen und dadurch Autorität ausstrahlen. Geben Sie keine Kommandos, während Sie auf dem Boden

oder der Couch liegen oder über den Boden kriechen. Ihr Hund wird das eher als Aufforderung zum Spielen ansehen, nicht als ernstgemeinten Befehl.

„Fuß"-Position befindet und die Leine locker durchhängt, loben sie ihn mit leiser Stimme, ohne ihn jedoch dabei anzufassen („Guter Hund, Fuß"). In nur wenigen Tagen wird er begreifen, dass das ruhige Nebenherlaufen, wenn auch nur mit Worten, stets belohnt wird.

Anfängerklassen für Gehorsamstraining

Wie bereits eingangs erwähnt, ist es nur zu empfehlen, sich mit Ihrem Hund für die Anfängerklasse in einer professionellen Hundeschule anzumelden, falls sich eine solche in Ihrer Wohngegend befindet. Besitzen Sie einen Ausstellungshund, wäre eine entsprechende Klasse zur Ausbildung für den Ausstellungsring angebrachter. Hundeschulen und private Trainer, die Anfängerklassen für Gehorsamstraining und Vorbereitungslehrgänge für Wettbewerbe anbieten, sind in vielen Gegenden ansässig. Bei Wettbewerben im Gehorsam können die Hunde in unterschiedlichen Leistungsklassen verschiedene Titel gewinnen. Die Anfängerklasse trainiert grundlegende Verhaltensweisen und Übungen wie das „Sitz", „Platz", „Fuß" und so weiter.

Andere Aktivitäten

Ob ein Hund nun im strukturierten Umfeld einer Hundeschule oder alleine vom Halter zu Hause trainiert wird, es gibt so viele Aktivitäten, die Halter und Hund sehr viel Spaß und Freude bereiten können, sobald beide das Anfängerstadium hinter sich gebracht und die Grundübungen bis zur Perfektion erlernt haben.

Das Rucksacktraining ist beispielsweise eine für den Hund gesunde und für die gesamte Familie lohnende Aktivität, die zum Erlernen lediglich die Unterstützung des Halters erfordert. Das Laufen und Klettern ist sowohl für den Hund als auch für seinen Halter eine gesunde Art der Bewegung, wobei auch noch ein unbezahlbares Band der Gemeinsamkeit zwischen beiden entsteht.

Erziehungskurse

Die Ausbildung in einem Grundkurs dauert gewöhnlich sechs bis acht Wochen. Hund und Halter nehmen

einmal wöchentlich an einem einstündigen Unterricht teil. Die dort erlernten Lektionen werden mehrmals täglich für jeweils einige Minuten zu Hause wiederholt. Mit etwas Geduld und Einsatz führt dies zu einem wohlerzogenen Hund und einem stolzen Halter, der das Leben mit seinem Hund genießt.

Die Gesundheitsvorsorge für Ihre Englische Bulldogge

Hunde gehören, ebenso wie wir Menschen, zu den Säugetieren und können viele der Krankheiten bekommen, die auch Menschen befallen, sogar psychische Erkrankungen. Da die meisten von uns mehr über Krankheiten des Menschen wissen als über die des Hundes, stammen einige der in diesem Kapitel verwendeten Begriffe eher aus der Humanmedizin als aus dem Sprachgebrauch der Tiermediziner – einfach um diesen Abschnitt allgemein verständlicher zu machen. Als Beispiel sei der Begriff „Symptom" genannt, der im engeren Sinne die Beschreibung der Empfindungen des Patienten mit Worten bedeutet. Bekanntermaßen können Hunde nicht sprechen; deshalb müssten wir streng genommen von „klinischen Anzeichen" sprechen. Trotzdem bleiben wir bei den „Symptomen", weil jeder weiß, was gemeint ist.

Im Allgemeinen sagt man: Medizin wird praktiziert. Dies ist unstrittig. Medizin ist eine Kunst, die ständigem Wandel unterworfen ist. Unser Wissen über die Genetik, über elektronische Hilfsmittel und auch über individuell unterschiedliche Behandlungsmethoden wächst unaufhörlich. Es gibt viele Erkrankungen, die nicht überall gleich behandelt werden, wie zum Beispiel die Hüftgelenksdysplasie, bei der einige Tierärzte viel häufiger operieren als andere.

Die Wahl des Tierarztes

Für Ihren Tierarzt sollten Sie sich nicht nur entscheiden, weil er ein sympathischer Mensch ist; wesentlich wichtiger sind seine Erreichbarkeit und sein Fachwissen. Rechnen Sie immer damit, dass ein Notfall eintritt oder dass Ihr Hund aufgrund einer langwierigen Erkrankung dem Tierarzt häufiger vorgestellt werden muss. Auch sollten seine Sprechzeiten patientenfreundlich und Termine nach Absprache möglich sein. Es gibt kaum etwas Frustrierenderes, als einen ganzen Tag lang auf einen Termin oder den Besuch des Tierarztes warten zu müssen, falls der Zustand des Hundes wirklich drängt.

Jeder niedergelassene Tierarzt hat sein Studium mit einem anerkannten Examen abgeschlossen und erfüllt die Voraussetzungen zum Führen einer eigenen Praxis. Viele von ihnen haben sich zudem durch Aufbaustudien oder Lehrgänge auf bestimmte Bereiche spezialisiert; so gibt es auch unter den Veterinären Fachärzte für Herzerkrankungen (Kardiologen), Hauterkrankungen (Dermatologen), Zahn- und Kiefererkrankungen (Dentisten), Augenerkrankungen (Ophthalmologen), Röntgendiagnose (Radiologen) und solche, die sich besonders mit Knochen-, Muskel- oder Organkrankheiten befassen. Alle Tierärzte sollten die häufig erforderli-

Routinebehandlungen wie beispielsweise Kastrationen, Wundversorgung und selbstverständlich Impfungen durchführen; wenn Ihr Hund jedoch ernsthaft erkrankt, ist es Ihr gutes Recht, zusätzlich einen Spezialisten zu Rate zu ziehen. Vielleicht stellen Sie bei der Gelegenheit ja auch Unterschiede bei der Höhe des Honorars fest. Die Leistungen eines Tierarztes, insbesondere wenn es um hochspezialisierte Behandlungen geht, haben ihren Preis. Hier lohnt sich ein Vergleich. Haben Sie keine Hemmungen, die Kosten mit dem Tierarzt zu besprechen – obwohl natürlich die beste Behandlung Ihres Hundes grundsätzlich allerhöchste Priorität haben muss.

Vorbeugen ist besser als heilen

Dies gilt uneingeschränkt auch für Hunde. Es ist in jedem Fall viel einfacher, billiger und auch effektiver, Krankheiten vorzubeugen, als sie zu bekämpfen, wenn sie erst ausgebrochen sind. Und ein nicht unbeträchtlicher Teil dieser Vorbeugungsmaßnahmen findet bereits beim (verantwortungsvollen) Züchter statt: Sorgfältig gezüchtete Welpen stammen von Elterntieren, die auch und vor allem aufgrund ihrer genetischen Veranlagung für die Zucht ausgewählt worden sind. Zudem müssen die Muttertiere einen vollen Impfschutz haben und frei von inneren und äußeren Parasiten sein; außerdem müssen sie sich natürlich in

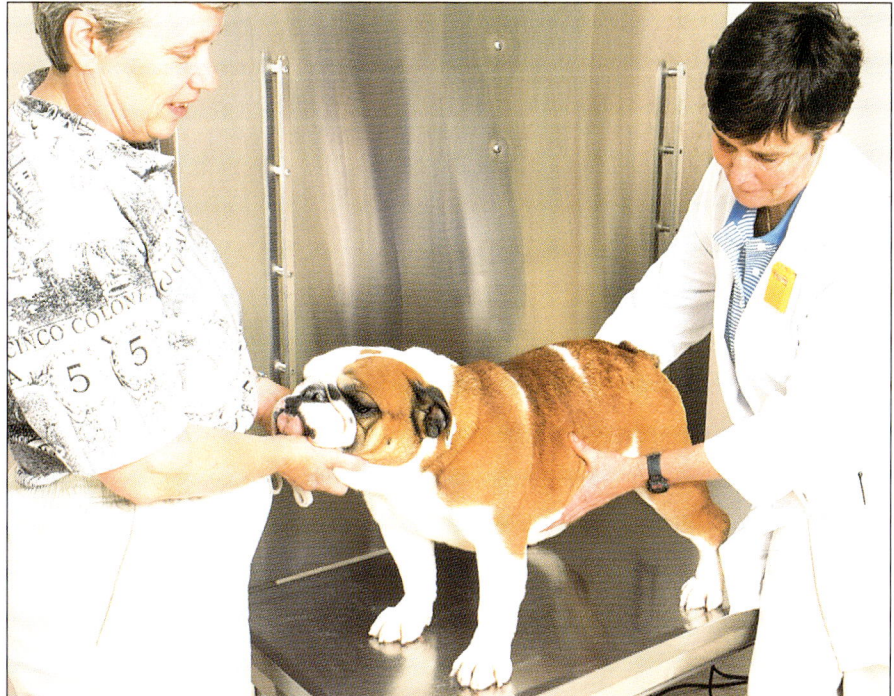

Ihre Englische Bulldogge sollte regelmäßig von einem Tierarzt untersucht werden.

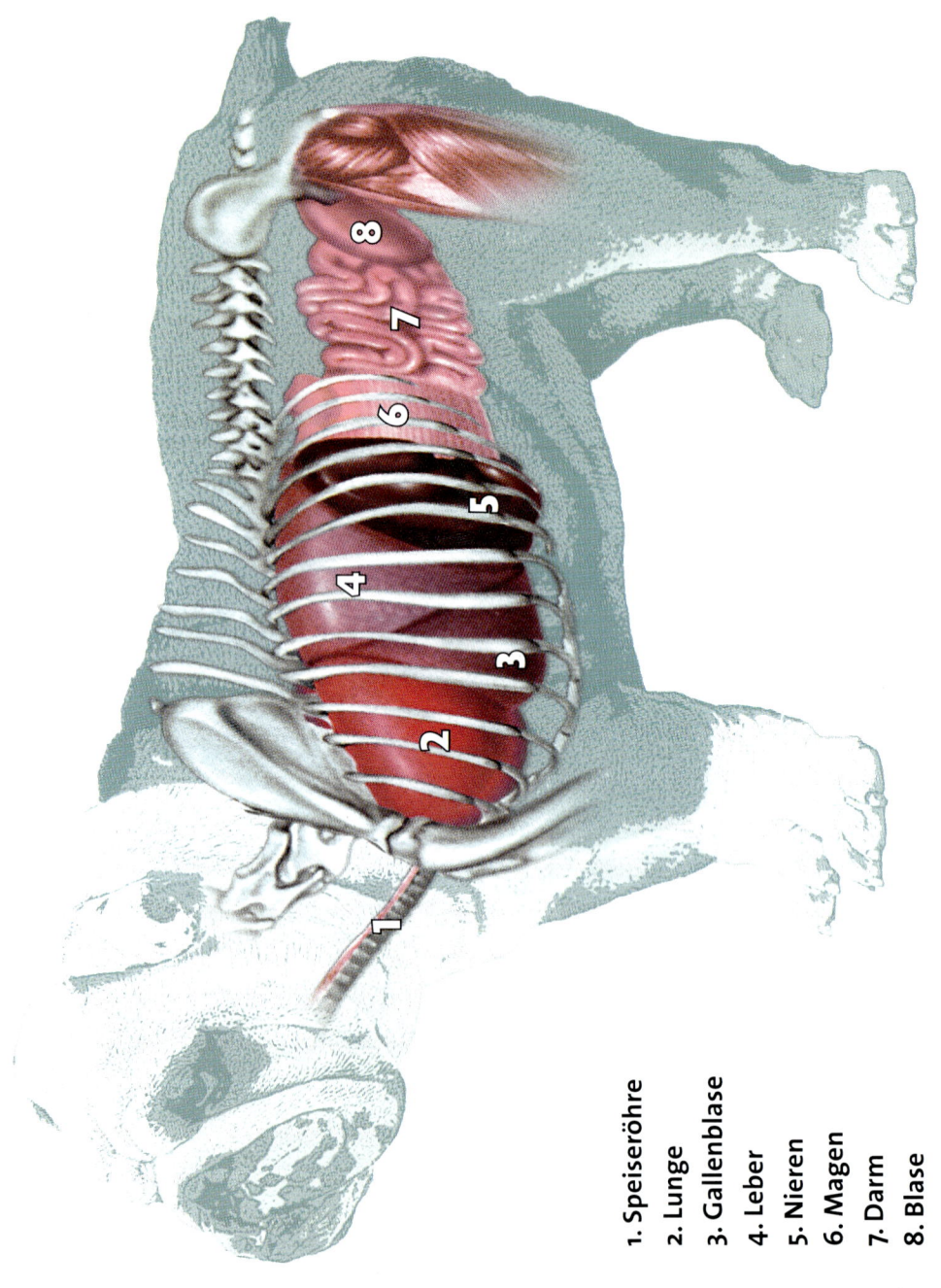

1. Speiseröhre
2. Lunge
3. Gallenblase
4. Leber
5. Nieren
6. Magen
7. Darm
8. Blase

Die inneren Organe der Englischen Bulldogge

bestem Ernährungszustand befinden. Eine gesunde Mutterhündin in bester Kondition, die diese Anforderungen erfüllt, überträgt ihre eigene Abwehrkraft gegen Infektionen auf ihre Welpen, die dann acht bis zehn Wochen lang geschützt sind. Auch die Gefahr eines

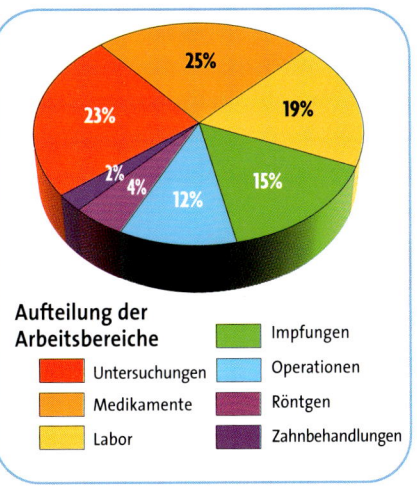

Aufteilung der Arbeitsbereiche

- 🟥 Untersuchungen
- 🟧 Medikamente
- 🟨 Labor
- 🟩 Impfungen
- 🟦 Operationen
- 🟪 Röntgen
- 🟪 Zahnbehandlungen

Das durchschnittliche Einkommen eines amerikanischen Tierarztes, aufgeschlüsselt nach den erbrachten Leistungen. Befragt wurden Praxen für Kleintiere.

Zahnuntersuchungen

Regelmäßige Zahnuntersuchungen sind zwischen einem halben und einem Jahr sinnvoll, da nun Wachstumsstörungen der bleibenden Zähne noch beeinflusst werden können. Es gibt Zahnbürsten, die beide Zahnseiten gleichzeitig säubern. Strapazierfähiges Kauspielzeug sollte zur Grundausstattung gehören. Das Kauen reinigt die Zähne und fördert die Durchblutung des Zahnfleischs. Studien zeigen, dass über die Hälfte aller Hunde an irgend einer Form von Zahn-

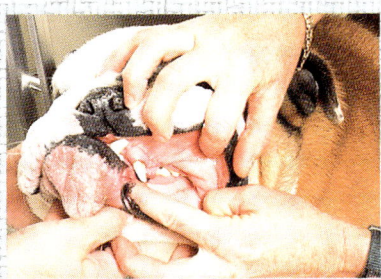

fleischentzündung leidet – und dies schon mit drei bis vier Jahren oder früher. Sie können mit Kauspielzeugen und wöchentlichem Zähneputzen das Leben Ihres Hundes um Jahre verlängern. Hat sich echter Zahnstein gebildet, kann dieser nur unter Narkose vom Tierarzt entfernt werden.

schweren Parasitenbefalls der Welpen ist denkbar gering.

Im Idealfall haben Sie vielleicht sogar die Möglichkeit, den Tierarzt Ihres Züchters zu konsultieren, der Mutter und Kinder bisher betreut hat und deshalb schon jetzt viel über Ihren Welpen weiß.

Impfplan

Die meisten Impfungen werden mittels einer Injektion verabreicht und dürfen nur durch die Hand eines Tierarztes gespritzt werden. Dieser bescheinigt die verabreichte Impfung unter Angabe des jeweiligen Impfstoffs und des Impfdatums im Impfpass. Die ersten Impfungen werden gewöhnlich in einem Alter von acht Wochen verabreicht und müssen, damit der Hund zuverlässig geschützt ist, mit zwölf bis vierzehn Wochen wiederholt werden. Sie sollten sich in dieser Hinsicht in jedem Fall auf die Empfehlungen Ihres Tierarztes verlassen, denn die Impfabstände können je nach Impfstoff unterschiedlich sein. Die

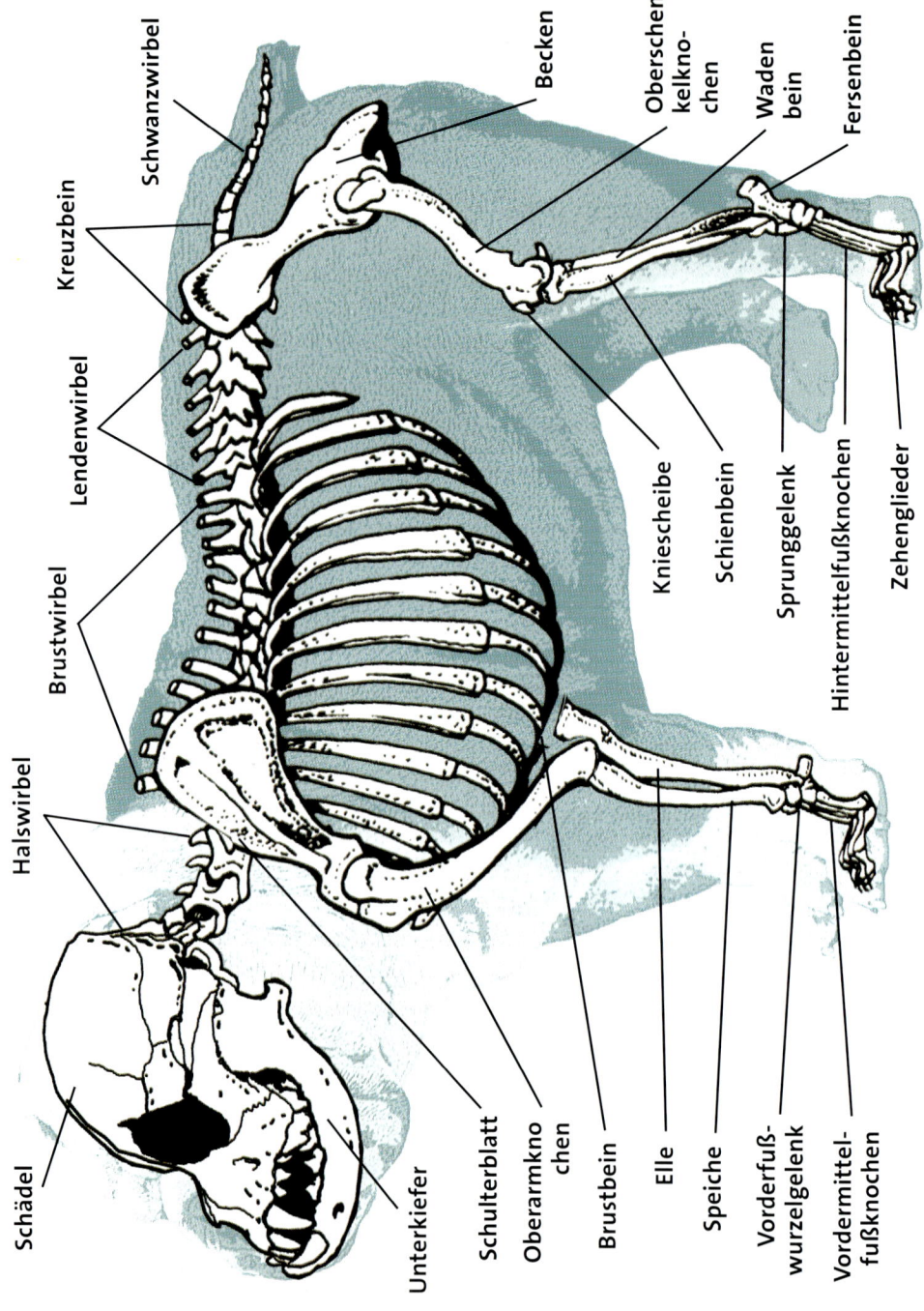

Schwanzwirbel
Kreuzbein
Schädelwirbel
Lendenwirbel
Brustwirbel
Halswirbel
Schädel

Becken
Oberschenkelknochen
Wadenbein
Fersenbein
Kniescheibe
Schienbein
Sprunggelenk
Hintermittelfußknochen
Zehenglieder

Unterkiefer
Schulterblatt
Oberarmknochen
Brustbein
Elle
Speiche
Vorderfußwurzelgelenk
Vordermittelfußknochen

Die Skelettstruktur der Englischen Bulldogge

meisten Impfstoffe bewirken eine Immunisierung Ihres Welpen gegen bestimmte Virusinfektionen.

Die üblicherweise verwendeten Impfstoffe sind Kombinationspräparate zum Schutz gegen Staupe, Hepatitis, Leptospirose, Parvovirose und Tollwut. Für speziell gefährdete Welpen sind auch noch andere Impfstoffe verfügbar. Sie sollten sich stets auf den fachmännischen Rat Ihres Arztes verlassen, besonders wenn es um die Auffrischimpfungen geht. Die meisten Impfungen erfordern eine Nachimpfung oder Impfauffrischung, wenn der Welpe ein Jahr alt ist und danach in jährlichen Abständen. In einigen Fällen können die Umstände kürzere Abstände zwischen den Impfungen erfordern. In großen Zwingern besteht gelegentlich die Gefahr des Zwingerhustens, gegen den die Welpen eines solchen Zwingers auch geimpft werden sollten. Besonders wichtig ist die Impfung gegen die gefürchtete, hochinfektiöse Parvovirose. Sprechen Sie mit Ihrem Tierarzt.

Von der Entwöhnung bis zu einem Alter von fünf Monaten

Welpen sollten im Alter von etwa zwei Monaten vollständig von der Mutter entwöhnt sein. Ein Welpe, der für mindestens acht Wochen mit seiner Mutter und seinen Geschwistern zusammenbleibt, zeigt in seinem späteren Leben gewöhnlich gegenüber anderen Hunden und Menschen eine bessere Anpassungsfähigkeit.

Es empfiehlt sich, den Welpen schon bald nach der Übernahme vom Züchter von einem Tierarzt untersuchen zu las-

Impfschutz

Bevor Sie einen jungen Hund mit nach draußen nehmen, sollte er vollständig geimpft sein, damit sein Immunsystem genügend Abwehrstoffe aufge-

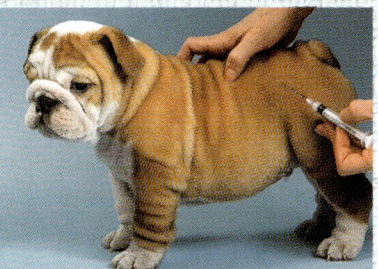

baut hat. In der Luft sind Keime und Bakterien enthalten, außerdem kann Ihr Welpe sich an den Hinterlassenschaften anderer Hunde infizieren.

sen und die bald fällig werdenden Impfungen abzusprechen.

Der Tierarzt wird die Zähne des Welpen untersuchen, seinen Knochenbau überprüfen und ihn einer generellen Grunduntersuchung unterziehen. Welpen können Probleme mit der Kniescheibe, Katarakt oder andere Augenkrankheiten, abnormale Herzgeräusche und nicht korrekt abgestiegene Hoden haben. Vielleicht zeigt Ihr Welpe auch die eine oder andere Verhaltensauffälligkeit, die Sie mit Hilfe Ihres Tierarztes eher in den Griff bekommen.

Das Alter von fünf bis zwölf Monaten

In diesem Alter hat Ihr Welpe alle Grundimpfungen und die ersten Gesundheitstests hinter sich. Nun ist es an der

Gesundheits- und Impfplan

Alter in Wochen	3.	6.	8.	10.	12.	14.	16.	20–24.
Entwurmung	✔	✔	✔	✔	✔	✔	✔	✔
Parvovirose-Impfung		✔		✔				
Staupe-Impfung			✔		✔			
Hepatitis-Impfung			✔		✔			
Leptospirose-Impfung			✔		✔			
Parainfluenza			✔		✔			
Zahnkontrolle			✔					✔
Grunduntersuchung			✔					✔
Wesenstest			✔					
Zwingerhusten					✔			
Tollwut					✔			✔

Dieses Schema wird häufig angewandt, kann jedoch individuell je nach Bedarf abgeändert werden. Wichtig: Impfungen sind nicht sofort wirksam! Das Immunsystem des Hundes benötigt etwa drei Wochen, um genügend Antikörper zu bilden. Die meisten Impfungen müssen jährlich aufgefrischt werden; bitte fragen Sie Ihren Tierarzt.

Zeit, sich den Kleinen im Hinblick auf den Rassestandard anzusehen. Hat er kleine oder größere Mängel, die ihn für die Zucht und Ausstellung ungeeignet machen, kann er damit sehr gut leben und bleibt für Sie sicher trotzdem liebenswert. Sie sollten sich nun ernsthaft überlegen, ob Sie ihn kastrieren lassen. In den USA wird dies routinemäßig schon ab dem Alter von sechs Monaten empfohlen, sachkundige europäische Tierärzte raten dazu, den Eingriff im zweiten Lebensjahr vorzunehmen. Dies hat für Ihren Hund auch gesundheitliche Vorteile: Unerwünschte Trächtigkeiten sind ausgeschlossen, die Gefahr von Gesäuge- und Gebärmutterkrebs bei Hündinnen und Prostatakrebs beim Rüden ist deutlich reduziert.

Das Alter von über einem Jahr

Sie sollten Ihren Hund mindestens einmal jährlich bei Ihrem Tierarzt vorstellen. Das Älterwerden ist zwar keine Krankheit, jedoch werden Augen und

Impfallergien

Impfungen sind nicht immer erfolgreich. Manche Hunde sind allergisch gegen Impfstoffe und manche bilden keine Antikörper aus. Wird Ihrem Hund ein neuer Impfstoff gespritzt, lassen Sie ihn ein paar Stunden zur Beobachtung beim Tierarzt, um auszuschließen, dass er eine Allergie gegen diese Vakzine zeigt.

Ohren schlechter, und die Funktionsfähigkeit der Nieren, Leber und des Verdauungssystems nimmt ab. Eine sinnvolle Ernährungsumstellung in Absprache mit Ihrem Tierarzt kann nun das Leben Ihrer Englischen Bulldogge, und somit auch Ihres, erleichtern. Nicht zuletzt ist eine altersungerechte Ernährung auch verantwortlich für viele weitere Alterserkrankungen.

Hauterkrankungen

Tierärzte werden generell häufiger wegen Hautproblemen konsultiert als auf Grund anderer Erkrankungen oder Gesundheitsprobleme. Die Haut von Hunden ist fast genauso empfindlich wie die Haut von uns Menschen, und beide leiden nahezu unter denselben Hautproblemen. Allerdings tritt zum Beispiel Akne bei Hunden viel seltener als bei Menschen auf. Aus diesem Grund ist die Veterinärdermatologie zu einem Spezialgebiet geworden, mit dem sich inzwischen viele Tierärzte befassen. Da viele Hautprobleme mit sichtbaren Symptomen in Verbindung stehen, die sich generell ähnlich sind, erfordert die Erkennung und Heilung vieler ernsthafter Hautprobleme das Wissen eines erfah-

Häufige Infektionskrankheiten

	Dies ist eine...	Infektion durch...	Symptome
Leptospirose	ernste Erkrankung, die die inneren Organe befällt und auf Menschen übertragbar ist	Bakterien, die häufig von Nagetieren übertragen werden, verbreiten sich durch die Schleimhäute schnell im Körper	in leichten Fällen Fieber, Erbrechen, Appetitlosigkeit, in schweren Schock, unheilbare Nierenschäden, kann schlimmstenfalls zum Tod führen
Tollwut	potentiell tödlich verlaufende Viruserkrankung, die warmblütige Säugetiere befällt	den Biss eines infizierten Tieres (vornehmlich Wildtiere)	1. Stadium – Verhaltensänderung, Angst 2. Stadium – zunehmende Aggressivität 3. Stadium – Koordinationslosigkeit, Schwierigkeiten mit den Körperfunktionen
Parvovirose	hochgradig ansteckende, oft tödlich verlaufende Viruserkrankung	die orale Aufnahme des Virus über den Kot infizierter Hunde	üblicherweise sehr heftige Durchfälle, Erbrechen, Mattigkeit und Appetitlosigkeit
Zwingerhusten	ansteckende Atemwegsinfektion	die Kombination von verschiedenen Bakterien- und Virentypen; meistverbreitet *Bordetella bronchiseptica bacteria* und das Parainfluenzavirus	chronischer Husten
Staupe	Erkrankung, die primär die Atemwege und das Nervensystem befällt	ein Virus, das mit dem menschlichen Masernvirus verwandt ist	leichte Symptome wie Fieber, Appetitlosigkeit und Schleimabsonderungen entwickeln sich zu offensichtlichen Hirnschäden, Hartballenkrankheit
Hepatitis	ein Virus, das hauptsächlich die Leber angreift	ein Adenovirus Typ 1 (CAV-1) des Hundes; wird durch Einatmen aufgenommen	schwächere Symptome: Apathie, Durchfall und Erbrechen, schwerere Symptome sind beispielsweise Virusansammlungen in den Augen („blaue Augen")
Coronavirus	Verdauungsstörungen bewirkende Viruserkrankung	den Kot infizierter Hunde	Magenbeschwerden mit Appetitlosigkeit, Erbrechen und Durchfall

renen Veterinärdermatologen. In Zoofachgeschäften sind eine Reihe von Produkten zur Behandlung von Hautproblemen erhältlich, jedoch beschränkt sich deren Wirkung meist nur auf die Behandlung der Symptome, jedoch nicht auf den oder die unterschwelligen Auslöser des Problems. Wenn Ihr Hund unter einer Form von Hautkrankheit leidet, suchen Sie so schnell wie möglich die Hilfe eines Spezialisten. Je früher ein Problem erkannt und behandelt wird, umso besser sind die Chancen für eine erfolgreiche Heilung.

Akrodermatitis

Welpen von Elterntieren, welche die Akrodermatitis rezessiv tragen, sind zu 25 % gefährdet, diese Krankheit zu erben.

AA = keine Akrodermatitis
aa = erkrankt an Akrodermatitis
Aa = Träger des Gens

Tragen sowohl Vater als auch Mutter die Genkombination Aa in sich, liegt die Wahrscheinlichkeit, dass von vier Welpen mindestens ein Welpe die tödliche Genkombination aa erbt, bei 1:4.

Rüde	Hündin	
	A	a ♀
A	AA	Aa
a	Aa	aa
♂		

Erbliche Hautprobleme

Viele Hautprobleme sind erblich bedingt, einige davon sind sogar tödlich. Die Akrodermatitis ist eine genetisch bedingte Erkrankung, die von beiden Elternteilen auf die Welpen übertragen werden kann. Die Eltern, die phänotypisch normal erscheinen, können Träger des für diese Erkrankung verantwortlichen rezessiven Gens sein. Dies stellt viele Züchter insoweit vor Probleme, als dass sie Träger eines rezessiven Gens nicht erkennen und somit von der weiteren Zucht ausschließen können. Die Folgeerkrankungen – dazu gehören vor allem Krebs und Atemwegsprobleme – sind meist schlimmer, als die erbliche Hautkrankheit an sich.

So ist die Akrodermatitis nur ein Beispiel dafür, wie schwierig viele Hundekrankheiten korrekt zu diagnostizieren sind. Um mit Sicherheit entscheiden zu können, ob zwei Hunde miteinander verpaart werden sollten oder nicht, fallen sehr hohe Untersuchungskosten an. Welpen, die an Akrodermatitis erkranken, erreichen nur selten ein Alter von zwei Jahren.

Andere genetisch bedingte Hautkrankheiten sind meist nicht tödlich. Dennoch müssen generell alle Erbkrankheiten durch einen Veterinärmediziner diagnostiziert und behandelt werden. Zur Zeit werden von vielen Pharmaherstellern intensive Versuchsreihen durchgeführt, um bei Hunden auftretende Hautprobleme lösen zu können.

Parasitenbisse

Viele Menschen reagieren allergisch auf Insektenstiche. Der Stich juckt, schwillt

Erste Hilfe auf einen Blick

Verbrennungen

Halten Sie die verbrannte Stelle unter kaltes Wasser, bei kleinen Verbrennungen können Sie einen Eiswürfel benutzen.

Insektenstiche

Benutzen Sie Eis, um die Schwellung zu verringern. Bei Allergie muss Ihr Hund sofort zum Tierarzt.

Tierbisse

Säubern Sie den blutenden Bereich, legen Sie eventuell einen Druckverband an. Suchen Sie den Tierarzt auf.

Verschlucken von Fremdkörpern

Den Hund nicht erbrechen lassen. Sofort den Tierarzt konsultieren.

Vergiftung mit Frostschutzmittel

Bringen Sie den Hund sofort zum Erbrechen.

Angelhaken

Wird am besten vom Tierarzt entfernt, er muss zum Entfernen zerschnitten werden.

Schlangenbisse

Für den seltenen Fall packen Sie Eis um den Biss, rufen sofort den Tierarzt an und versuchen die Schlange zu identifizieren.

Autounfall

Ziehen Sie den Hund mit Hilfe einer Decke von der Straße, suchen Sie sofort einen Tierarzt auf.

Schock

Beruhigen Sie den Hund, halten Sie ihn warm, suchen Sie sofort einen Tierarzt auf.

Nasenbluten

Legen Sie eine kalte Kompresse auf die Nase, bei sichtbaren Verletzungen üben Sie einen leichten Druck aus.

Blutende Wunden

Legen Sie einen Druckverband an, bedecken Sie die Wunde mit einer Wattekompresse.

Hitzschlag

Kühlen Sie den Hund mit feuchten Tüchern, frischer Luft und kühlem Wasser. Suchen Sie einen Tierarzt auf.

Unterkühlung, Frostbeulen

Wärmen Sie den Hund mit einem warmen Bad auf, legen Sie ihn auf eine elektrische Heizdecke oder eine Wärmeflasche.

Schürfwunden

Säubern Sie die Wunde mit viel Wasser und tragen Sie ein Antiseptikum auf.

 Bedenken Sie, dass ein verletzter Hund aus Angst oder in Panik beißen kann. Legen Sie ihm einen Maulkorb an, bevor Sie ihm helfen.

an und entzündet sich häufig. Hunde zeigen auf Floh-, Zecken- und Milbenbisse nahezu dieselbe Reaktion. Wenn wir ein Insekt auf unserer Haut spüren, haben wir die Möglichkeit, es mit der Hand zu vertreiben. Wenn Ihr Hund jedoch von einem Floh, einer Zecke oder einer Milbe gebissen wird, kann er den Plagegeist nur wegkratzen oder abbeißen. Sobald Ihr Hund von einem Parasiten gebissen wurde, ist auch schon ein Teil des Schadens angerichtet. Der Parasit kann schon Eier im Fell abgelegt haben, die dann für weitere Probleme sorgen, oder er hat den Hund über den Biss bereits mit anderen Krankheitserregern infiziert. Verschluckt der Hund einen Floh, kann er sich mit Würmern infizieren. Der Juckreiz durch den Parasitenbiss ist auf den injizierten Speichel zurückzuführen.

Autoimmunerkrankungen der Haut

Autoimmunerkrankungen werden häufig als allergische Reaktion gegen körpereigene Substanzen bezeichnet, während Allergien entzündliche Reaktionen auf einen äußeren Reiz sind. Autoimmunerkrankungen verursachen im betroffenen Körperbereich oft schwere Gewebeschäden.

Die wohl bekannteste Autoimmunerkrankung ist Lupus, die Hauttuberkulose. Sie befällt sowohl Hunde als auch Menschen. Die Symptome können sehr unterschiedlich sein, da die Krankheit sowohl die Nieren als auch die Knochen, das Blut oder die Haut betreffen kann. Die Erkrankung kann bei Hunden und Menschen tödlich enden, sie gilt jedoch nicht als ansteckend. Die Hauttuberku-

lose lässt sich mit Kortikosteroiden behandeln, jedoch haben diese Medikamente, wenn sie auf Dauer eingenommen werden müssen, schädliche Nebenwirkungen.

Pollenallergie

Eine auch bei Hunden bedeutende Allergie ist die Pollenallergie. Menschen leiden unter Heuschnupfen und ähnlichen Erscheinungen, die während der Blütezeit verschiedener Pflanzen und Gräser auftreten können. Hunde können unter denselben Allergien leiden wie Menschen. Wenn die Pollenbelastung der Luft hoch ist, niest Ihr Hund nicht, und seine Nase läuft auch nicht wie bei uns Menschen. Hunde reagieren auf eine Pollenallergie in gleicher Weise wie auf Parasitenbisse, indem sie sich kratzen und beißen. Das macht eine Diagnose recht schwierig.

Hunde können auf vorhandene Allergien hin getestet werden. Lassen Sie sich von Ihrem Tierarzt beraten.

Probleme mit dem Futter

Futterallergien

Hunde können gegen viele Futterarten allergisch sein, selbst wenn dies Spitzenprodukten sind, die von Züchtern und Tierärzten empfohlen werden. Oftmals hilft auch ein Futterwechsel nicht, weil ausgerechnet der Bestandteil, auf den der Hund allergisch reagiert, auch in dem neuen Futter enthalten ist.

Das Erkennen einer Futterallergie bei Hunden ist schwierig. Wenn Menschen etwas essen, was sie nicht vertragen, bekommen sie Hautausschlag oder sie erbrechen. Hunde können zwar auch erbrechen, aber sie bekommen gewöhnlich keinen Ausschlag. Dafür verspüren sie einen unablässigen Juckreiz und kratzen und beißen sich unentwegt, wodurch die genaue Diagnose sehr erschwert wird. Während Pollenallergien und Parasitenbisse nur zu bestimmten Jahreszeiten auftreten, sind Futterallergien ein ganzjähriges Problem.

Futterunverträglichkeiten

Futterunverträglichkeiten bedeuten die Unfähigkeit eines Hundes, bestimmte Futterarten vollständig zu verdauen. Welpen, die keinerlei Probleme mit der Muttermilch hatten, können Unverträglichkeiten bei Kuhmilch zeigen. Die Ergebnisse einer solchen Futterunverträglichkeit können Durchfall, Blähungen und Magenschmerzen sein. Da dies die einzigen offensichtlichen Symptome für eine Futterunverträglichkeit sind, gestaltet sich die Diagnose meist recht schwierig.

Die Behandlung von Futterproblemen

Sie haben gute Chancen, mit den Futterallergien und -unverträglichkeiten Ihres Hundes selbst fertig zu werden. Stellen Sie die Ernährung Ihres Hundes auf Futtersorten um, die er vorher noch nie erhalten hat. Es ist klar, dass er auf etwas, das er nie gefressen hat, zunächst auch nicht mit einer Allergie oder Unverträglichkeit reagieren kann. Beginnen Sie mit einer einzelnen Zutat, die nicht in seinem bisherigen Futter enthalten war. Zutaten wie Rinderhack oder Fisch sind Bestandteil in vielen Futtersorten, also versuchen Sie etwas Ausgefalle-

Kastration

In bestimmten Fällen ist eine Kastration ratsam. Bei Rüden beispielsweise dann, wenn eine Hypersexualität vorliegt. Hündinnen werden oft kastriert, wenn sie ausgeprägt scheinträchtig werden – oder auch, um dem Hund die Strapazen der Läufigkeit zu ersparen.

neres wie Strauß, Kaninchen oder gekochtes Gemüse. Behalten Sie diese Diät ohne weitere Zusätze für einen Monat bei. Wenn die Symptome abklingen, haben Sie die Ursache wahrscheinlich ausgegrenzt.

Denken Sie jedoch nicht, dass Sie Ihren Hund nur mit dieser einen Zutat über einen längeren Zeitraum ernähren können, denn Sie müssen eine ausgewogene Ernährung zusammenstellen. Deshalb müssen Sie unbedingt herausfinden, welche Zutaten in seinem alten Futter das Problem auslösten. Am einfachsten gelingt Ihnen dies, wenn Sie dem Futter nach und nach weitere Bestandteile hinzufügen. Nach jedem neu hinzugefügten Bestandteil behalten Sie die Diät für einen Monat bei. Reagiert Ihr Hund allergisch, haben Sie einen der auslösenden Stoffe gefunden und können ihn meiden. Mit der Zeit werden Sie alle Stoffe herausfinden, die Auslöser der Futterallergie oder der -unverträglichkeit waren.

Eine Aufnahme des Hundeflohs, *Ctenocephalides canis,* durch ein Elektronen-Mikroskop.

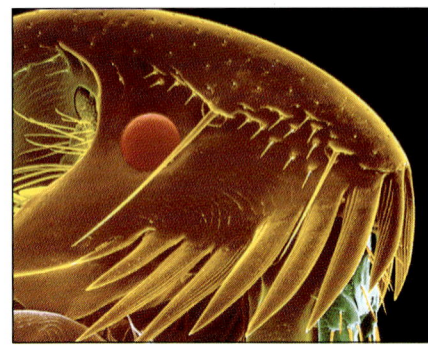

Eine Ausschnittsvergrößerung des Kopfs eines Hundeflohs, *Ctenocephalides canis.*

Äußere Parasiten (Ektoparasiten)

Von allen Problemen, zu denen Hunde neigen, ist wohl keines besser bekannt und frustrierender als das Flohproblem. Ein Flohbefall ist zwar relativ einfach zu behandeln, dafür umso schwierigerr zu verhindern. Parasiten, die im Inneren eines Hundes ihr Unwesen treiben, sind schwieriger zu behandeln, dafür ist aber ein Befall einfacher zu kontrollieren, da die Übertragungswege oftmals besser unterbunden werden können.

Flöhe

Es ist möglich, Flohbefälle zu kontrollieren, jedoch müssen Sie dazu den Lebenszyklus des Flohs verstehen. Gewöhnlich sind Flöhe ein im Sommer auftretendes Problem, aber da sich Flöhe in unseren zentralbeheizten Räu-

Ein männlicher Hundefloh der Art *Ctenocephalides canis.*

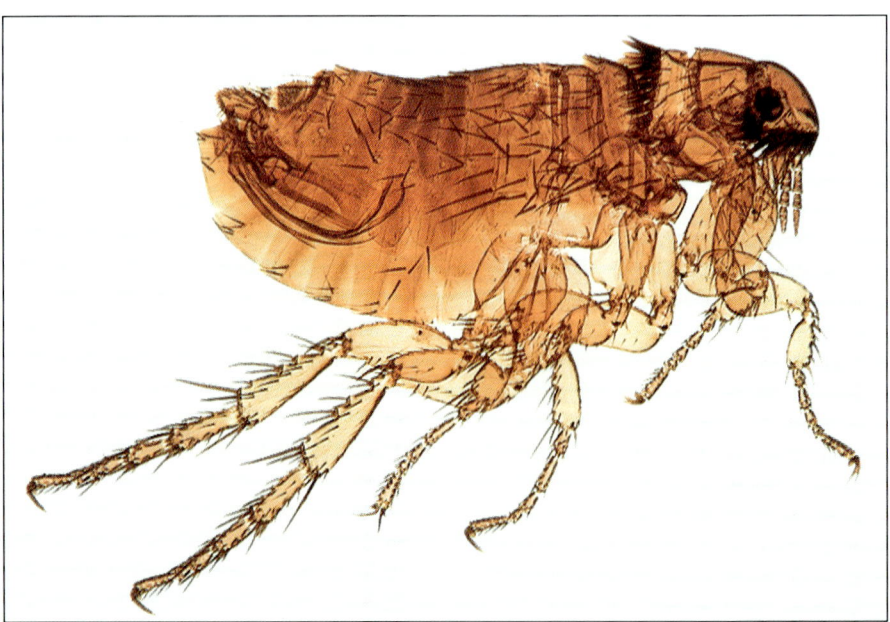

Wussten Sie schon?

Flohbekämpfungsmittel sind giftig. Sie sollten diese Mittel nicht an Stellen einsetzen, an denen sich Ihr Hund lecken kann, nicht an seinen Genitalien und nicht in seinem Gesicht. Die Behandlung mit Medikamenten zur Einnahme ist sicherer, sprechen Sie mit Ihrem Tierarzt.

men inzwischen das ganze Jahr wohlfühlen, haben wir auch das ganze Jahr mit ihnen zu kämpfen. Eine effektive Beseitigung bezieht auch das Umfeld mit ein. Es gibt leider kein einziges Mittel gegen Flöhe, das stets und überall mit gleich gutem Erfolg eingesetzt werden kann. Für eine effektive Flohkontrolle muss die Behandlung gezielt jedes Stadium des Lebenszyklus des Flohs bekämpfen.

Entwicklungsstadien des Flohs

Während seines Lebens durchläuft der Floh vier Stadien: Ei, Larve, Puppe und adulter Floh. Um die Eier, Puppen oder Larven zu erkennen, brauchen Sie ein Mikroskop. Flöhe verbringen ihr ganzes Leben auf Ihrem Hund, wenn sie nicht gewaltsam durch Bürsten, Baden, Kratzen oder Beißen entfernt werden. Der Hundefloh heißt wissenschaftlich *Ctenocephalides canis*, der Katzenfloh heißt *Ctenocephalides felis*. Verschiedene Floharten können Hunde und Katzen gleichermaßen befallen. Flöhe legen ihre Eier auf dem Hund ab. Die Eier fallen ab, sobald sie getrocknet sind (bei der Ablage sind sie noch leicht feucht und haften so gut am Fell des Hundes). Sie sind der Grundstock für künftige Flohplagen. Wenn Ihr Hund einmal einige Flöhe herunterkratzt, warten sie auf ihr nächstes Opfer – einen Hund oder auch einen Menschen! Sie haben richtig gehört, Hundeflöhe befallen auch Menschen. Gerade deshalb ist es so wichtig, dass Sie einen Flohbefall ernst nehmen. Die Bekämpfung muss gleichzeitig die Flöhe treffen, die sich auf Ihrem Hund befinden, und die, die sich in der Wohnung und den Lieblingsplätzen Ihres Hundes befinden. Sie sind das Problem so lange nicht los, solange Sie nicht alle Flöhe, Eier, Larven und Puppen beseitigt haben!

Flöhe in Zahlen

Flöhe gibt es bereits seit Millionen von Jahren, und sie haben sich an immer neue Wirtstiere angepasst. Sie können einen kompletten Lebenszyklus in weniger als einem Monat durchlaufen oder für fast zwei Jahre im Puppenstadium verbleiben, bis die Lebensumstände günstig sind. Sie können bis zu zwanzig Monate ohne jegliche Nahrung oder Blut überleben. Es ist erwiesen, dass Flöhe bis zu 300 000 Mal springen und dabei in jeder Richtung, auch nach oben, das 150-fache ihrer eigenen Körperlänge überspringen können. Dies sind nur einige der Gründe, warum Flöhe solche Überlebenskünstler sind.

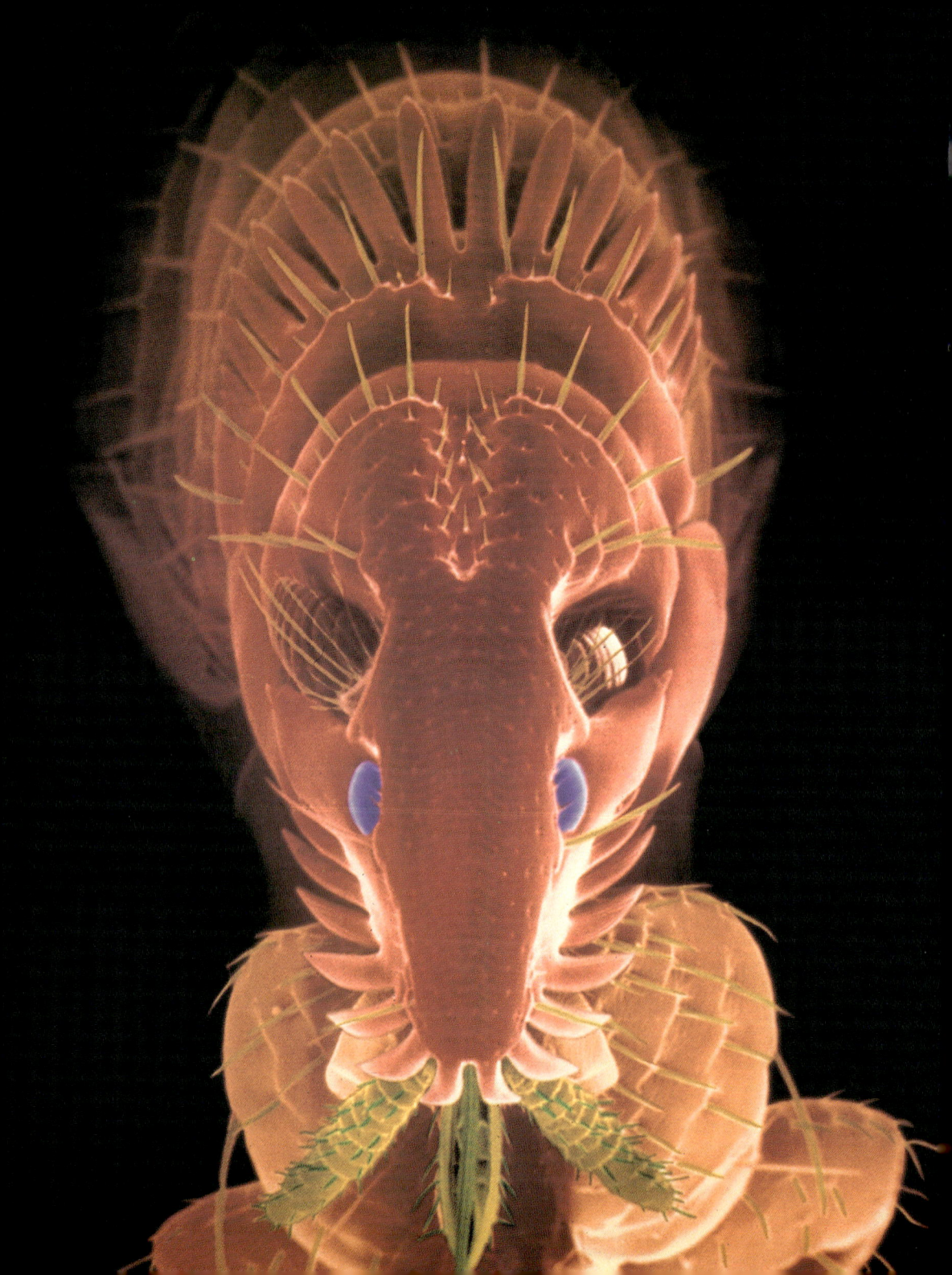

Entflohen Sie Ihr Zuhause

Sauberkeit ist der Schlüssel zum Erfolg. Wenn Sie eine Katze besitzen, ist die Bekämpfung noch schwieriger, da die meisten Hundeflöhe eigentlich Katzenflöhe sind und Katzen in Bereiche hochklettern, die der Hund nicht erreichen kann (beispielsweise Fensterbänke und Tische) und die Sie zusätzlich reinigen müssen. Wischen Sie Böden (Fliesen, Linoleum, Laminat, Dielen oder Parkett) regelmäßig auf, denn alle heruntergefallenen Essensreste sind Nahrung für die Flohlarven! Saugen Sie den Teppichboden und Ihre Polstermöbel mehrmals täglich. Vergessen Sie dabei nicht, auch die Kissen und unter den Möbel zu saugen. Versuche haben gezeigt, dass normale Bodenstaubsauger nur etwa 20 Prozent der Larven und 50 Prozent der Eier wirklich aufsaugen. Die Staubsaugerbeutel sollten Sie nach dem Saugen in einem verschließbaren Plastikbeutel entsorgen und den Staubsauger gründlich reinigen. Behandeln Sie auch Ihren Garten gegebenenfalls mit einem Antiflohmittel.

Für Ihre Wohnung kann Ihnen Ihr Tierarzt sicher ein Spray empfehlen, das Sie aber sehr gewissenhaft nur nach Anleitung einsetzen dürfen.

Wussten Sie schon?

Vermischen Sie niemals verschiedene Flohmittel miteinander, ohne vorher Ihren Tierarzt dazu befragt zu haben. Einige dieser Mittel können in Verbindung mit anderen toxisch wirken und schwere bis tödliche Schäden bei Ihrem Hund verursachen.

Flöhe wirkungsvoll bekämpfen

Um Flöhe wirkungsvoll zu bekämpfen, haben Sie verschiedene Möglichkeiten zur Auswahl.

- Baden Sie den Hund mehrmals mit speziellem Anti-Floh-Shampoo

- Stärken Sie die natürlichen Abwehrkräfte Ihres Hundes, indem Sie ihn optimal halten.

- Begrenzen Sie den Bewegungsfreiraum Ihres Hundes auf wenige Räume, um die Verbreitung der Flöhe einzudämmen.

- Saugen sie täglich! Tauschen Sie die Staubsaugertüten alle paar Tage aus.

- Waschen Sie täglich die Decken Ihres Hundes. Decken Sie Kissen und Polstermöbel, auf denen Ihr Hund sich aufhalten darf, mit Handtüchern ab und waschen diese oft.

Es gibt eine Vielzahl von Antiflohmitteln für den Hund selbst, die Sie nur nach Absprache mit Ihrem Tierarzt verwenden sollten.

Ivermectin wird häufig als Wundermittel bezeichnet. Es bekämpft viele Ekto- und Endoparasiten wirksam, darunter Herzwürmer, Spulwürmer, Bandwürmer, Hakenwürmer, Zecken und Milben, ist aber in Deutschland für die Anwendung am Hund noch nicht zugelassen. Tierärzte stehen dem Mittel teils sehr skeptisch gegenüber, da es zwar sehr zuverlässig, aber auch sehr stark wirkt und bei einigen Hunderas-

Gegenüberliegende Seite: Eine Elektronenmikroskopaufnahme eines Flohs, *Ctenocephalides*, in mehr als 100-facher Vergrößerung. Für einen besseren Kontrast wurde die Aufnahme eingefärbt.

Der Lebenszyklus eines Flohs

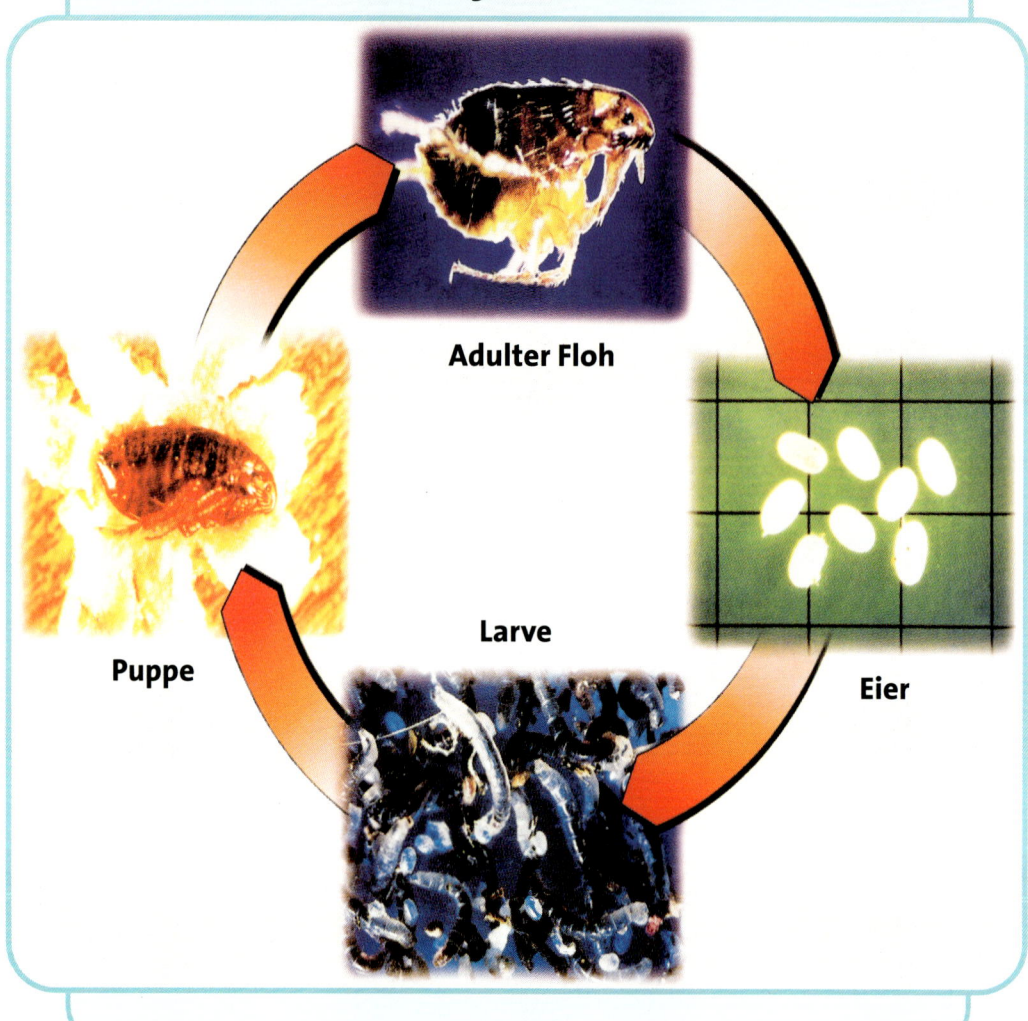

Adulter Floh

Larve

Puppe

Eier

sen zu Todesfällen geführt hat. Hierbei scheinen vor allem die englischen Hütehundrassen für eine schockartige Reaktion empfindlich zu sein.

Das Umfeld muss entfloht werden
Es genügt nicht, wenn Sie nur Ihre Wohnung mit dem Staubsauger, dem Mop

und Anti-Floh-Mitteln reinigen, Sie müssen zumindest noch den Garten von den Flöhen befreien. Wenn Sie dabei Insektizide versprühen, achten Sie darauf, dass diese möglichst spezifisch Flöhe vernichten und Sie nicht unnötig andere Insekten oder sogar andere kleinere Tiere vergiften. Halten

Die Hundezecke *Dermacentor variabilis* ist weltweit am häufigsten zu finden. Sie bevorzugt ein feuchtwarmes Klima.

Die meisten Hundezecken haben eine Lebenserwartung zwischen einer Woche und sechs Monaten, was ganz von den herrschenden Klimabedingungen abhängt. Sie können weder springen noch fliegen, sondern krabbeln herum und können beim Angriff auf einen

Diese Vergrößerung zeigt einen Floh, wie er auf einen Hunderücken springt.

Sie die Mittel fern von Ihrem Gartenteich, in dem sich die Gifte anreichern können. Wählen Sie auch für draußen ein Mittel, das Ihrem Hund nicht gefährlich werden kann. Zur Sicherheit lassen Sie Ihren Hund nach der Behandlung nicht sofort in den Garten.

Zecken und Milben

Obwohl nicht so häufig wie Flöhe, gibt es Zecken und Milben überall auf der Welt in den tropischen und gemäßigten Klimazonen. Auch sie ernähren sich vom Blut ihrer Opfer, beißen diese aber nicht, sondern bohren sich mit ihren scharfen Mundwerkzeugen in ihre Haut. Sie ernähren sich ausschließlich von Blut und injizieren ihren Speichel in die Bisswunde, um das Blut am Gerinnen zu hindern. Zecken und Milben sind Überträger einer Reihe von sehr unangenehmen Erkrankungen, die teilweise sogar tödlich verlaufen können, beispielsweise das Zeckenfieber. Ihr Lebensraum ist dem der Flöhen ähnlich, sie bevorzugen kleinste Risse und Spalten in Wänden. Diese Parasiten können Sie mit den gleichen Mitteln wie Flöhe bekämpfen.

Wachstumshemmer

Zur Flohbehandlung sollten zwei Mittel eingesetzt werden – eines zur Behandlung des Hundes und eines zur Behandlung des Lebensraums. Adulte Flöhe stellen nur 1 % der Flohpopulation dar. Die präadulten Flöhe (Eier, Larven und Puppen) bilden die anderen 99 % der Flohpopulation und sind im Lebensraum des Hundes zu finden. Im Fall von präadulten Flöhen sollte ein Mittel verwendet werden, das einen Wachstumsregulator für Insekten enthält.

Wachstumsregulatoren stellen eine neue Klasse von Wirkstoffen dar, die die Entwicklung von Insekten verhindern. Sie töten das Insekt nicht sofort, sondern verhindern im entscheidenden Moment dessen Wachstum. Methopren enthaltende Produkte sind weltweit die führenden Wachstumsregulatoren. Für die Kontrolle von Flöhen und anderen Insekten eingesetzt, stoppt dieser Wachstumsregulator die Weiterentwicklung der Flohlarve und schützt Ihr Haus so bis zu sieben Monate vor einem Flohbefall.

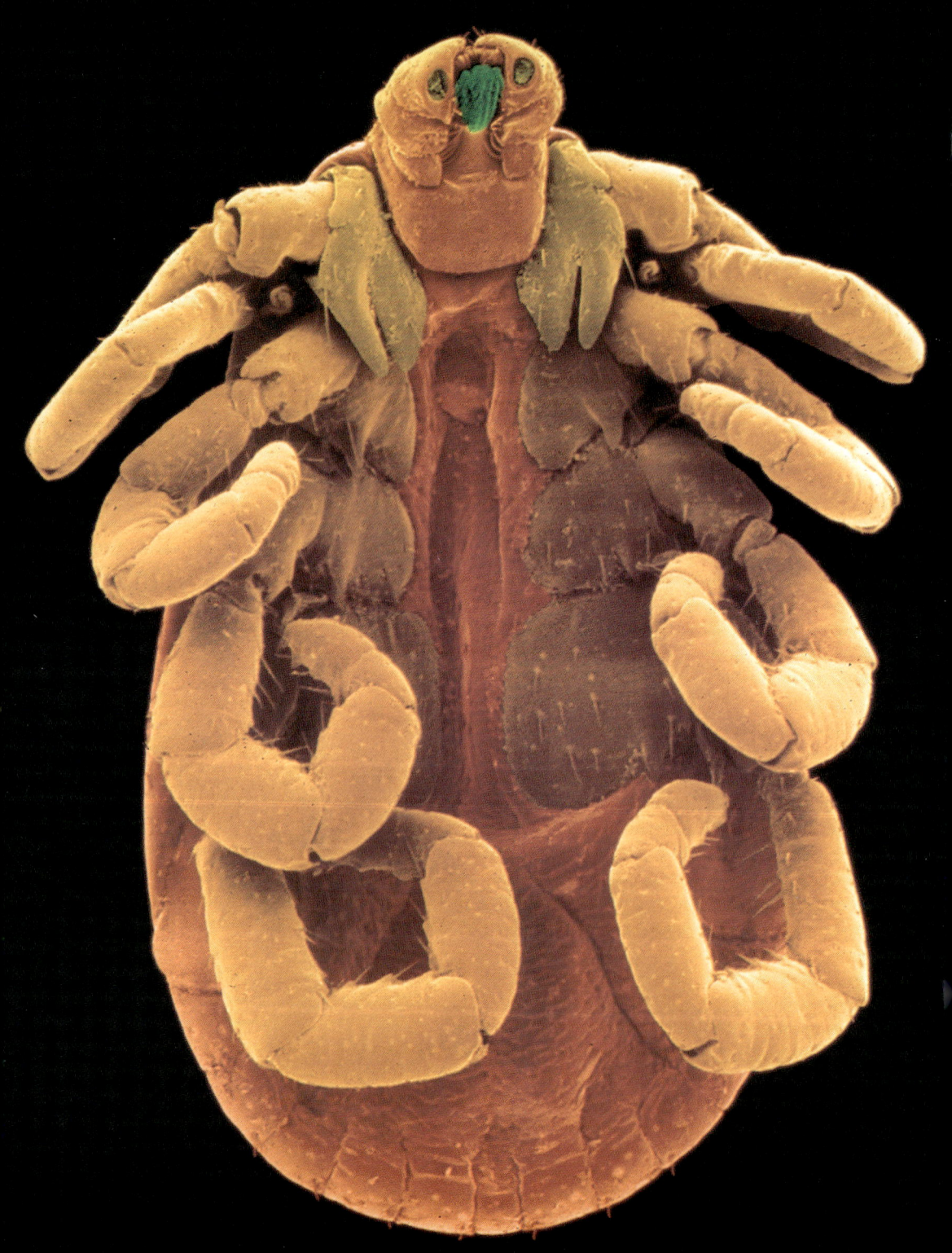

schlafenden und nichts Böses ahnenden Hund Strecken von bis zu fünf Metern zurücklegen.

Räude

Milben verursachen Hautreizungen, die sämtlich als Räude bezeichnet werden. Einige sind ansteckend, wie die Ohrmilben, Sarkoptes-Milben oder Cheyletiella-Milben. Die demodikotische Räude geht mit einem Befall durch Demodex-Milben einher, sie gilt als nicht übertragbar.

Ohrmilben sind in der Regel gut mit Ivermectin zu kontrollieren. Da einige

Vorsicht Hundezecke!

Leider sind auf vielen Wiesen und in Wäldern Zecken zu Hause. Am häufigsten findet man sie im Frühling und im Herbst. Zecken sind häufig Träger des Bakteriums *Borrelia burgdorferi*. Wenn die Infektion früh erkannt wird, helfen Antibiotika. Unerkannt führt das Bakterium zu neurologischen, Herz- und Nierenschäden. Die Gelenke können sich entzünden und jede Bewegung schmerzt.

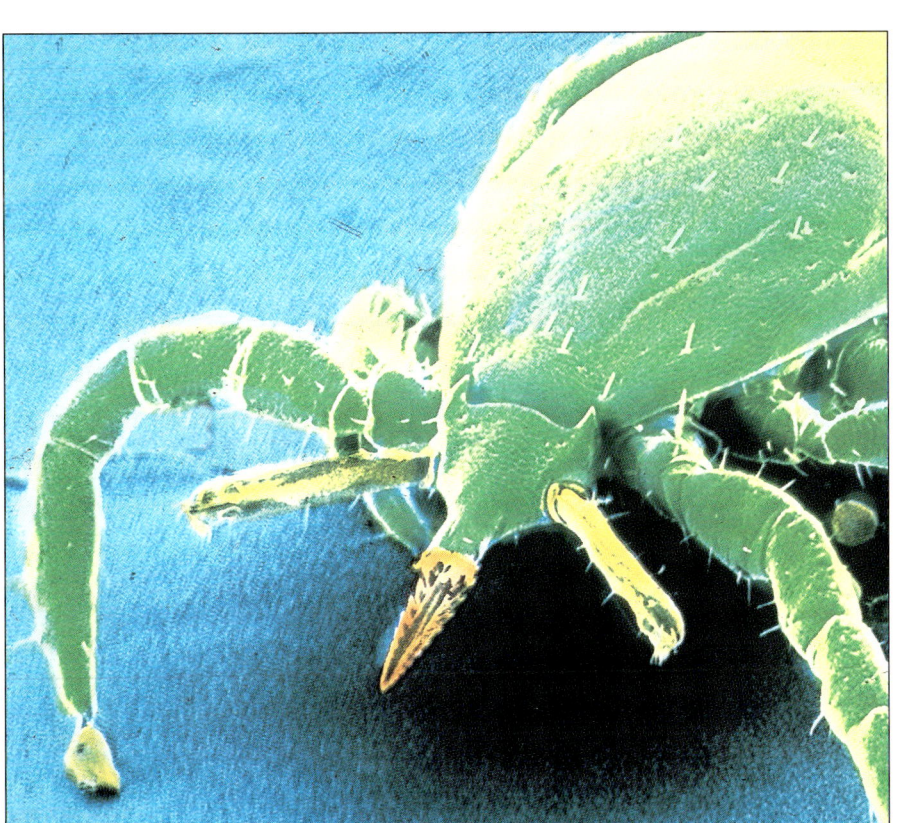

Ein Holzbock, Träger des Erregers der Lyme Borreliose. Die Aufnahme wurde eingefärbt.

Gegenüberliegende Seite: Die Hundezecke, *Dermacentor variabilis,* ist die am häufigsten auf Hunden zu findende. Beachten Sie die kraftvollen Kauwerkzeuge – kein Wunder, dass sie schwer zu entfernen sind.

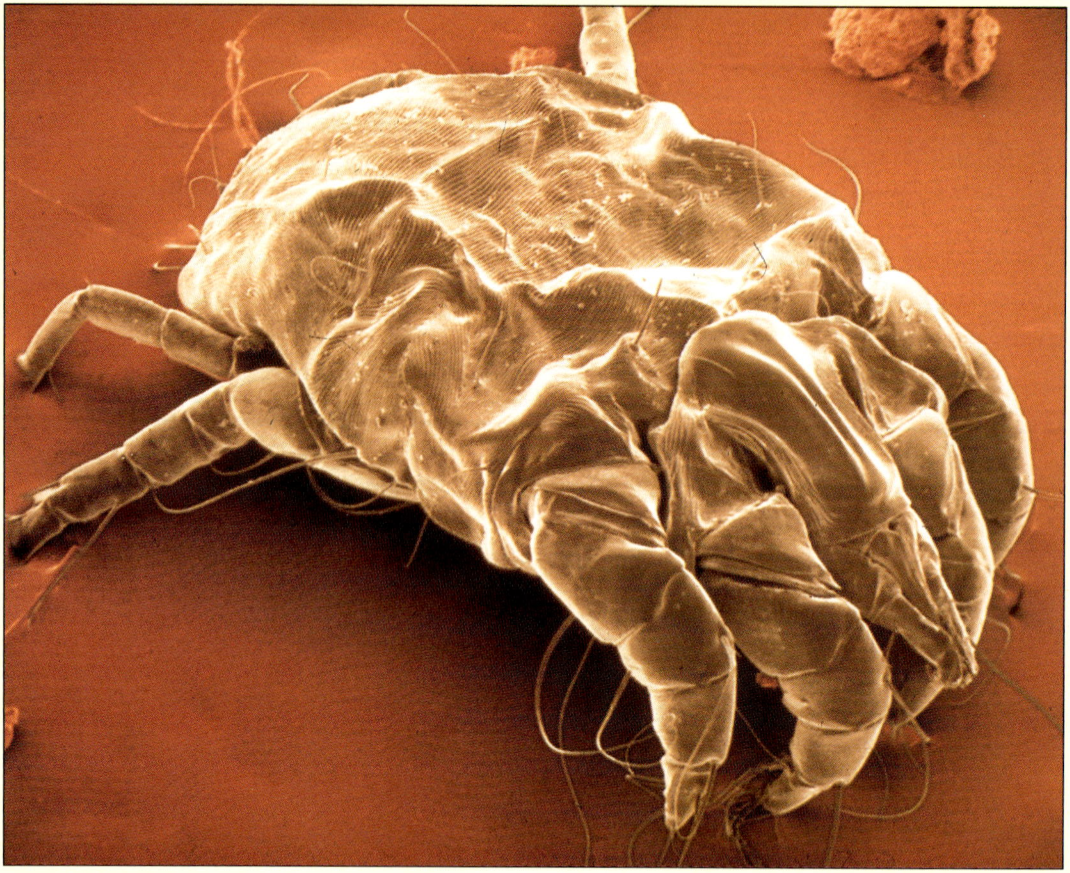

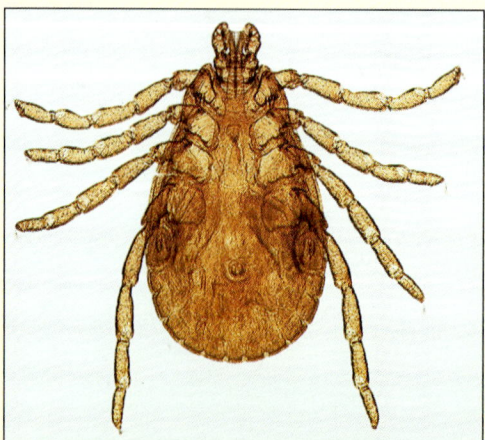

Eine Aufnahme der Räudemilbe, *Psoroptes bovis.*

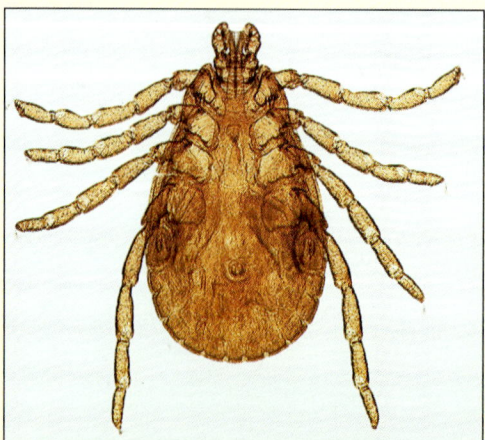

Die Braune Hundezecke, *Rhipicephalus sanguineus,* ist ein auf Hunden selten zu findender, aber unangenehmer Quälgeist.

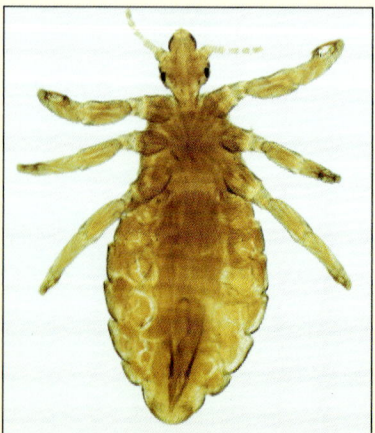

Menschliche Kopfläuse sehen wie Hundeläuse aus und sind eng mit diesen verwandt.

Arten von Räude auf den Menschen übertragen werden können, sollte in jedem Fall schnellstmöglich eine Behandlung erfolgen.

Innere Parasiten (Endoparasiten)

Die meisten Tiere – Fische, Vögel und alle Säugetiere, Hunde und Menschen eingeschlossen – beherbergen Würmer und andere Parasiten, die im Innern des Körpers leben. Nach Ansicht des Fischpathologen Dr. Herbert R. Axelrod gibt es zwei Arten von Parasiten – dumme und schlaue. Die schlauen Parasiten leben mit ihrem Wirt in friedlicher Eintracht (Symbiose), während die dummen ihren Wirt früher oder später umbringen.

Die meisten Wurminfektionen sind relativ einfach zu kontrollieren. Lässt man sie jedoch ungehindert ausufern, schwächen sie ihren Hundewirt letztendlich bis zu dem Punkt, an dem es zu anderen, oftmals lebensbedrohlichen Gesundheitsproblemen kommt.

Spulwürmer

Der häufigste Spulwurm bei Hunden ist unter dem wissenschaftlichen Namen *Toxocara canis* bekannt. Er lebt im Verdauungssystem des Hundes und scheidet kontinuierlich Eier aus. Man vermutet, dass ein durchschnittlich großer Hund täglich etwa 150 Gramm Kot produziert, von denen jedes Gramm durchschnittlich 10 000 bis 12 000 Spulwurmeier enthält. Es gibt keine Bereiche, in denen sich Hunde aufhalten, die nicht mit Spulwurmeiern verseucht sind. Die größte Gefahr von Spulwürmern ist, dass sie auch Menschen befallen. Aus diesem Grund ist es wichtig, Ihren Hund regelmäßig zu entwurmen, besonders wenn Kinder im Haushalt leben. Auch Schweine leiden unter Spulwurmbefällen, die auf Mensch und Hund übertragbar sind. Dieser Spulwurm trägt den wissenschaftlichen Namen *Ascaris lumbricoides*.

Hakenwürmer

Die Wurmart *Ancylostoma caninum* ist gewöhnlich als der Hundehakenwurm bekannt. Er ist auch für Katzen und Menschen gefährlich. Wie viele andere Würmer besitzt auch dieser Wurm Mund-

Entwurmen

Das Entwurmen Ihres Welpen ist ausgesprochen wichtig, denn viele Würmer, können vom Welpen auf den Menschen übertragen werden. Züchter entwurmen ihre Welpen das erste Mal im Alter von etwa vier Wochen. Dies wird gewöhnlich alle zwei bis drei Wochen wiederholt, bis die Welpen drei Monate alt sind. Der Züchter, bei dem Sie Ihren Welpen kaufen, sollte Ihnen einen Impfpass aushändigen, in dem alle bereits verabreichten Impfungen und Entwurmungen im Detail vermerkt sind. Ihr Tierarzt wird Ihnen für Ihren Welpen ein Entwurmungsprogramm empfehlen und überwachen. Im Normalfall wird ein Welpe alle 15 bis 20 Tage behandelt, bis er frei von Würmern ist. Es ist nicht ratsam, zu diesem Zweck Entwurmungsmittel zu verwenden, die nicht vom Tierarzt empfohlen wurden.

Spulwürmer

Durchschnittlich große Hunde können täglich 1 360 000 Spulwurmeier ausscheiden. Bei einem weltweiten Bestand von angenommen nur einer Million Hunden wird die Umwelt jeden Tag mit 1 300 Tonnen Hundekot belastet. Diese Kotmenge enthält somit 15 000 000 000 Spulwurmeier. Sieben bis 31 Prozent aller Privatgärten und Buddelkästen in den USA sind mit Spulwurmeiern verseucht.

Den Kot Ihres Hundes in der Toilette hinunterzuspülen, ist kein sicherer Weg, denn die normalen Wasseraufbereitungsmaßnahmen im Klärwerk zerstören die Spulwurmeier nicht. Infizierte Welpen beginnen im Alter von drei Wochen mit der Ausscheidung von Spulwurmeiern. Sie können bereits im Mutterleib infiziert sein.

werkzeuge, mit denen er sich in den Darmwänden seines Wirtes verankern kann. Da er seinen Standort allerdings etwa sechsmal täglich wechselt, kommt es an den beschädigten Darmwänden zu Blutungen, die zu einer Eisenmangelanämie führen können. Ein Hakenwurmbefall kann einfach mit einer Reihe von Medikamenten behandelt werden. Auch die meisten Wurmkuren wirken gleichzeitig gegen Hakenwürmer. Milbemyzin oxim kann auch bei einem Befall mit Hakenwürmern genommen werden.

In England taucht im offenen Grasland der Hakenwurm *Uncinaria stenocephala* auf. Er befällt vor allem Hunde, die sich länger im Freien aufhalten, wie viele Jagdhunde, Laufhunde und alle anderen Hunde, die viel im Freien trainieren. Haushunde werden von diesem Parasiten seltener befallen.

Der Spulwurm *Rhabditis*. Er kann Hunde und Menschen befallen.

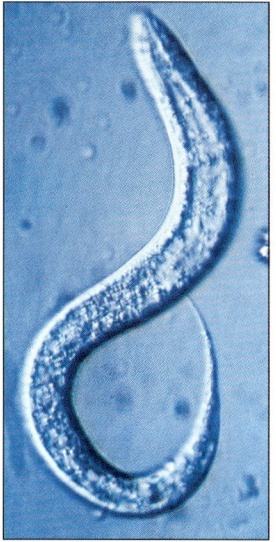

Männlicher und weiblicher Hakenwurm, *Ancylostoma caninum*. Sie sind nur selten bei Haus- oder Ausstellungshunden zu finden.

Das infektiöse Stadium der Hakenwurmlarve.

Bandwürmer

Es gibt verschiedene Arten von Bandwürmern. Am häufigsten werden Bandwürmer von Flöhen auf Hunde übertragen, indem der Hund den infizierten Floh frisst. Damit kann der Lebenszyklus des Bandwurms im Wirtstier beginnen. Bandwürmer sind jedoch auch noch auf anderen Wegen und nicht nur auf Hunde, sondern auch auf Menschen übertragbar. Während eine Bandwurminfektion für Hunde keine lebensbedrohende Angelegenheit ist, kann sie bei Menschen der Auslöser für eine sehr schwere Lebererkrankung sein. Etwa 50 % aller Menschen, die sich mit dem Fuchsbandwurm *Echinococcus multilocularis* infizieren und hierdurch unter alveolärer Hydatidose leiden, sterben letztlich daran.

Herzwürmer

Herzwürmer sind dünne, bis zu dreißig Zentimeter lange Würmer, die in der Leber und den großen, das Herz umgebenden Blutgefäßen ihres Wirts leben. Hunde können bis zu 200 Würmer haben! Die Symptome sind Energieverlust, Appetitlosigkeit, Husten, Anämie und die Entwicklung eines aufgeblähten Abdomens.

Wussten Sie schon?

Erlauben Sie Ihrem Hund nie in verdreckten oder öffentlichen Gewässern zu schwimmen. Sogar glasklares Wasser kann Parasiten enthalten, die schwere oder gar tödliche Krankheiten bei Ihrem Hund auslösen können. Gewässer, die von Vögeln und Wildtieren besucht werden, sind besonders gefährlich.

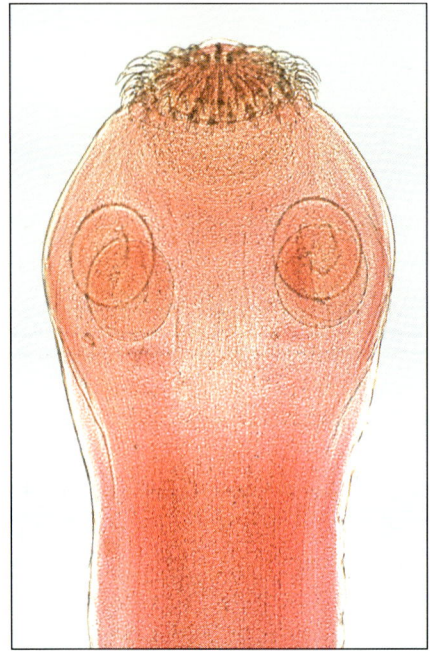

Der Kopf und das Rostellum (die runde Erhebung am Skolex) eines Bandwurmes, der Hunde und Menschen befällt.

Bandwürmer

Menschen, Ratten, Eichhörnchen, Füchse, Kojoten, Wölfe, Hunde und andere Tiere können Bandwürmer haben. Bei Tieren verläuft ein Bandwurmbefall in der Regel nicht tödlich. Befallene Tiere können bis zu tausend Würmer beherbergen! Bandwürmer sind Zwitter, besitzen also pro Tier männliche und weibliche Geschlechtsorgane. Hunde infizieren sich, indem sie befallene Ratten oder Mäuse oder auch Flöhe verschlucken. Einen Monat, nachdem die Würmer sich an der Darmwand des Hundes festgesetzt haben, beginnen sie mit der Eiablage. Diese Eier können sofort als Überträger auf andere Hunde wirken und mehrere Monate in der Natur – ohne Wirtstier – überleben. Spul-, Haken-, Peitschen- und Bandwürmer sind nur einige der bekanntesten Wurmarten, die bei Hunden vorkommen können.

Die Herzwurm-Parasitose ist in Deutschland nicht heimisch, denn der Überträger des Parasiten (*Dirofilaria immitis*) ist eine in Deutschland nicht vorkommende Mückenart. Dennoch kann sich Ihr Hund infizieren, wenn Sie ihn mit in ein gefährdetes Land nehmen, dazu gehören die USA, Afrika und der Mittelmeerraum. Der Erreger lebt im Herzgewebe sowie in den angrenzenden Blutgefäßen der Lunge. Seine Larven, die Mikrofilarien, leben im Blut. Beim Blutsaugen nimmt die Mücke die Larven wieder auf und gibt sie an andere Hunde weiter.

Es handelt sich um eine lebensgefährliche Parasitose, deren Behandlung langwierig und teuer ist. Eine Infektion kann verhindert werden, indem Sie Ihren Hund vor dem Reiseantritt in gefährdete Länder beim Tierarzt impfen lassen. Sollten Sie einen Hund aus den gefährdeten Ländern mitbringen, lassen Sie ihn hier am besten gleich von Ihrem Tierarzt untersuchen.

Bluttests zum Nachweis sind nicht immer zuverlässig, achten Sie nach Reisen besser darauf, ob Ihr Hund die genannten Symtome zeigt.

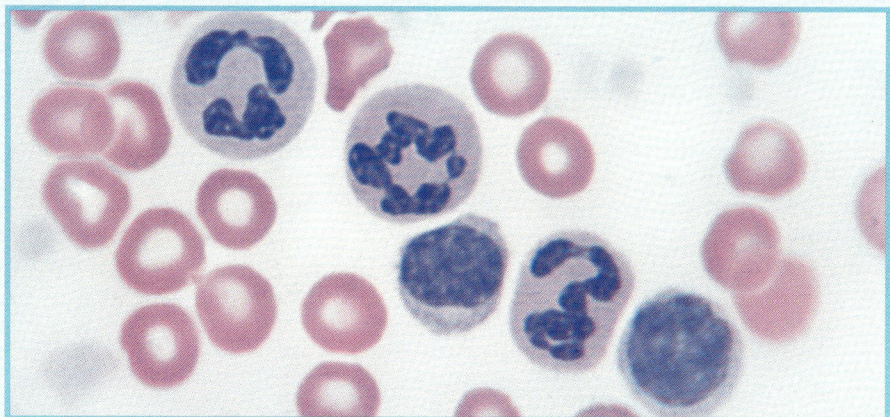

Vergrößerte Larven des Herzwurms, *Dirofilaria immitis*.

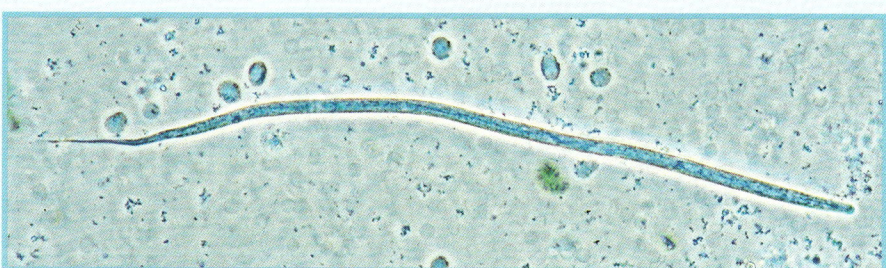

Der Herzwurm, *Dirofilaria immitis*.

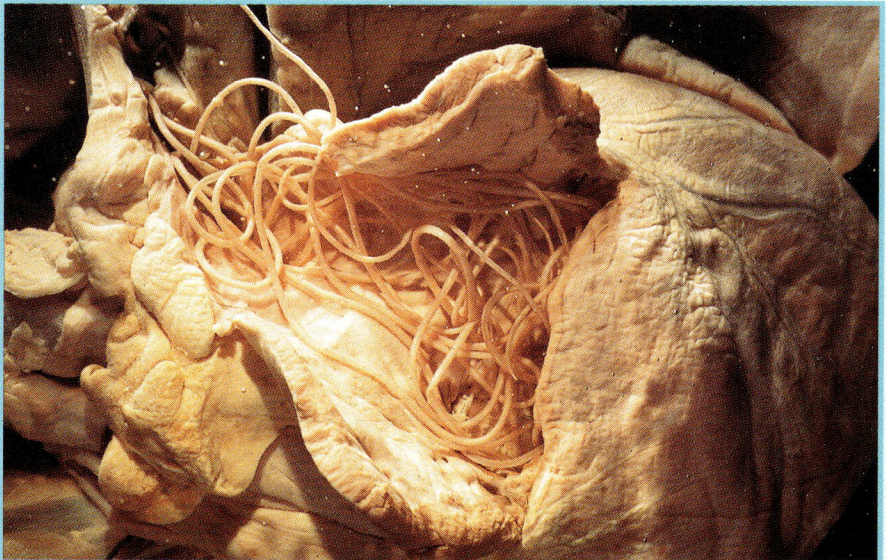

Das Herz eines von Herzwürmern (*Dirofilaria immitis*) befallenen Hundes.

129

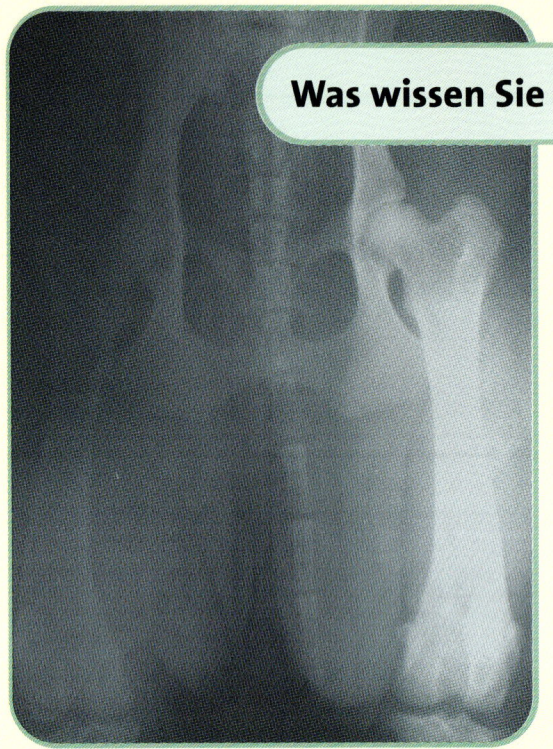

Was wissen Sie über Hüftgelenksdysplasie?

Die Hüftgelenksdysplasie ist ein Problem, das relativ häufig bei Hunden festzustellen ist. Bei Hunden mit Hüftgelenksdysplasie ist das Hüftgelenk ein- oder beidseitig deformiert. Durch die Belastung wird der Zustand zunehmend schlimmer. Das Gelenk nutzt sich bis zu einem Punkt ab, an dem es zu Arthritis kommt. Eine Hüftgelenksdysplasie kann nur anhand von Röntgenaufnahmen festgestellt werden, jedoch können bestimmte Symptome Hinweise auf die Krankheit geben. Ihr Hund könnte an Hüftgelenksdysplasie leiden, wenn er sich auf eigentümliche Art bewegt, anstatt fließend zu rennen hüpft, beide Hinterbeine im Einklang benutzt, um den Druck auf das schwache Gelenk zu vermindern, Probleme beim Aufstehen hat und beim Sitzen stets beide Hinterbeine zu einer Körperseite schiebt.

Ein Hund kann sich an das Leben mit einem Hüftschaden begrenzt gewöhnen, jedoch wird er in nur wenigen Jahren unter Arthritis leiden. Viele Hunde, die dieses Krankheitsbild aufweisen, leiden sehr. Die Hüftgelenksdysplasie ist eine erblich bedingte Erscheinung, deren Röntgendiagnose erst im Alter von zwölf Monaten wirklich zuverlässig ist. Einige Spezialisten sagen, dass eine besondere Diät dem Welpen dabei helfen kann, der Hüftgelenksdysplasie zu entwachsen, jedoch ist in den meisten Fällen ein chirurgischer Eingriff nötig. Dabei werden der Kammmuskel und der runde Kopfteil des Oberschenkelknochens entfernt, das Becken rekonstruiert und die Hüfte durch eine künstliche ersetzt. All diese chirurgischen Maßnahmen kosten viel Geld, jedoch sind diese Eingriffe dafür auch sehr erfolgreich. Richten Sie sich also in jedem Fall nach den Empfehlungen Ihres Tierarztes.

Oben: Die Röntgenaufnahme zeigt ein gesundes Hüftgelenk.

Rechts: Die Röntgenaufnahme zeigt ein Hüftgelenk mit leichter Dysplasie.

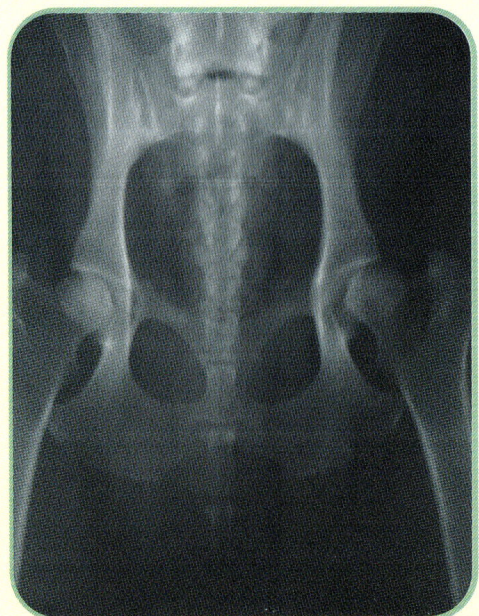

Ihre ältere
Englische Bulldogge

Für Hunde wie für ihre Halter ist „alt" etwas Relatives. Sicherlich können wir leicht zwischen einem Welpen und einer erwachsenen Englischen Bulldogge unterscheiden – schließlich sind die Unterschiede in der Körpergröße, dem allgemeinen Erscheinungsbild, der Persönlichkeit, im Verhalten und dem Gesichtsausdruck offensichtlich.

Wirklich bösartige Welpen sind eine ausgesprochene Seltenheit. Welpen und junge Hunde spielen gerne mit Kindern. Deren natürlicher Überschwang ist genau das Richtige für die scheinbar unerschöpfliche Energie junger Hunde. Sie lieben es zu rennen, zu springen, zu jagen und zu apportieren. Wenn Hunde heranwachsen und ihre Liebe zum Spielen mit Kindern nachlässt, wird oftmals angenommen, sie wären nun schon zu alt für diese Art von Aktivität.

Tatsächlich wird eine Englische Bulldogge, die hauptsächlich mit Personen von über sechzig Jahren zusammenkommt, ein weniger aktives Leben führen als eine andere, die vor allem jüngere Menschen um sich hat. Wie dem auch sei, ein Hund wird meistens als älter betrachtet, wenn seine Aktivität nachlässt.

Einer Lebenserwartung von 100 Jahren beim Menschen entsprechen etwa 20 Hundejahre. Diese Faustregel lässt sich aber nicht auf alle Rassen anwenden. Es ist aber legitim zu sagen, dass Englische Bulldoggen im Schnitt acht bis zehn Jahre alt werden, obwohl einige auch schon 15 Jahre alt geworden sind.

Hunde sind erst mit etwa drei Jahren köperlich und geistig ausgereift, aber schon wesentlich früher fortpflanzungsfähig. Man kann diese ersten drei Hundejahre mit den ersten 21 Lebensjahren eines Menschen vergleichen. Ein dreijähriger Hund ist in seiner Entwicklung demnach auf dem Stand eines 21-jährigen Menschen. Wie die Vergleichskurve (S. 132) zeigt, gibt es jedoch keine feste und in jedem Fall zutreffende Regel zum Vergleich des menschlichen mit dem Hundealter, zumal nicht alle Menschen das gleiche Alter erreichen, denn Frauen werden älter als Männer.

Der alternde Hund

Ihr Hund wird dann alt, wenn Sie es ihm anmerken. Seine allgemeine Aktivität lässt nach: Er rennt, läuft und frisst weniger, und sogar seine früheren Lieblingsspiele werden nicht mehr so intensiv ausgeübt. Andere Beschäftigungen nehmen zu: Er schläft mehr, er ist anlehnungsbedürftiger und zeigt dies durch vermehrtes Handlecken. Manchmal wiederholt er ohne Aufforderung früher gelernte Verhaltensweisen.

Was bei älteren Hunden zu beachten ist

Die meisten Veterinärmediziner und Verhaltensspezialisten erachten einen Hund ab seinem siebten Lebensjahr als alt. Darunter ist allerdings nicht zu verstehen, dass der Hund nun ein Greis ist und sich Körper und Verstand in der Auflösung befinden. Das Älterwerden ist tatsächlich ein langsamer Prozess. Menschen geben unumwunden zu, dass sie von ihrem zwanzigsten bis dreißigsten Lebensjahr an, und dann vom dreißigsten bis zum vierzigsten, einen Unterschied in ihrem Aktivitätsgrad feststellen. Wenn Sie Ihren sieben Jahre alten Hund „seniorengerecht" versorgen wollen, stehen Ihnen verschiedene vorbeugende medizinische Strategien zur Verfügung.

Das Pflegeprogramm für Ihren älteren Hund sollte aus mindestens zwei Tierarztbesuchen pro Jahr bestehen, um den Gesundheitszustand des Hundes zu überprüfen. Solche Routineuntersuchungen sollten jeweils eine komplette Blutuntersuchung, eine Analyse der Blutserumchemie, eine Elektrolytenzählung, Urinanalyse, einen Blutdrucktest, ein Elektrokardiogramm, eine Augendruckmessung und eine Zahnuntersuchung einschließen. Informieren Sie sich über eine altersgerechte Ernährungsumstellung. Mit dieser Altersvorsorge sollten Sie beginnen, noch bevor Sie offensichtliche Anzeichen für den Alterungsprozess wahrnehmen, wie unter anderem langsamere und stockende Bewegungsabläufe, ein grauer Fang, ein erhöhtes Schlafbedürfnis und Desinteresse an Spielen und anderen Aktivitäten. Das vorbeugende Pflegeprogramm verspricht Ihrem Hund ein langes und gesundes Leben im Alter. Zu den

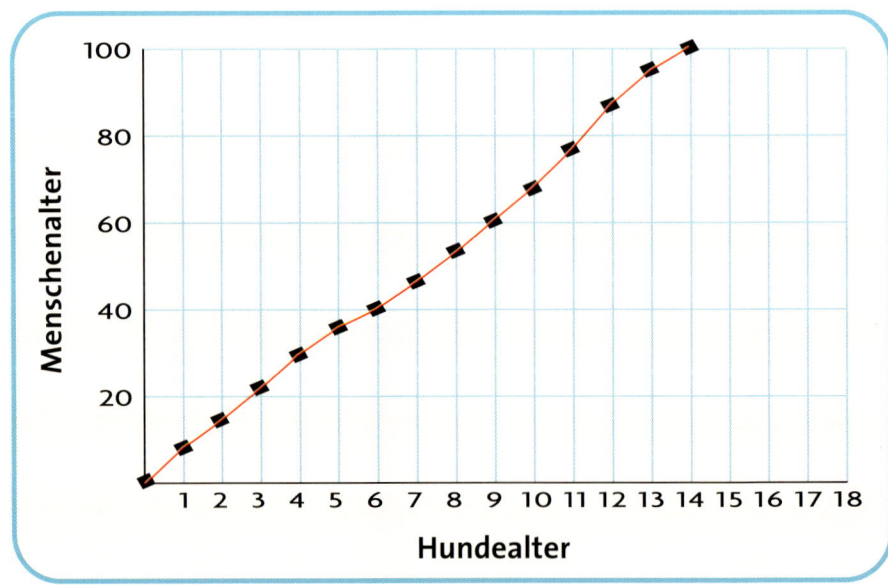

häufigsten Problemen bei alternden Hunden gehören eine nachlassende Sehfähigkeit, Arthritis, Nieren- und Leberversagen, Diabetes mellitus, Herzkrankheiten und das Cushing-Syndrom (eine Hormonkrankheit).

Zusätzlich zu den erwähnten physischen Problemen sind auch Verhaltensänderungen und andere mit dem Älterwerden in Verbindung stehende Probleme festzustellen. Hunde, die unter einer verminderten Seh- oder Hörfähigkeit, Zahnproblemen oder Arthritis leiden, können aggressiv werden. Dies gilt auch für Hunde, die nahezu taub oder blind sind, denn sie sind schreckhafter und können in unberechenbar aggressiver Weise reagieren. Alte, bereits senile Hunde können unduldsam werden und sind schnell zu irritieren. Toilettenunfälle gehen einher mit einem Verlust der Mobilität, Nierenproblemen, dem Verlust der Kontrolle über die Schließmuskeln sowie mit Zahnbelagansammlungen, physiologischen Veränderungen des Gehirns und ungewohnten Reaktionen auf Medikamente. Alte Hunde leiden genau wie Welpen unter Trennungsangst, was sich in übermäßigem Winseln, nachlassender Stubenreinheit und einem destruktiven Verhalten äußern kann.

Ältere Hunde können vor alltäglichen Geräuschen wie dem Staubsauger, der Heizung, Donner und dem Straßenverkehr Angst haben. Einige Hunde leiden unter Schlafstörungen, weil sie Schmerzen haben, unter verstärktem Harndrang oder ähnlichem. Sie sollten Ihren alten Hund nicht mit zu vielen fetten Leckerbissen verwöhnen, denn Übergewicht ist ein häufiges Problem im Alter, das die

Symptome des Alters

Ein alter Hund zeigt eines oder mehr der folgenden Symptome:
- Die Haare im Gesicht und an den Pfoten werden grau. Verfärbungen an den Augen und am Fang.
- Er frisst weniger.
- Der Bewegungsablauf wird zu-

nehmend langsamer, der Hund verweigert die Teilnahme an Aktivitäten, die ihm früher Freude gemacht haben.
- Die Reaktion auf Rufe, Pfiffe und andere Signale erfolgt zunehmend verzögert.
- Bei Augenkontakt wird Zurückhaltung signalisiert, und er wedelt oftmals noch nicht einmal mehr mit der Rute.

Lebenserwartung verkürzt. Außerdem ist Übergewicht eine zusätzliche Belastung für die lebenswichtigen Organe und Gelenke, weshalb auch ein alter Hund so schlank und fit wie möglich sein sollte. Viele Züchter empfehlen zu diesem Zweck für alte Hunde eine kalorienar-

Achten Sie drauf!

Die folgenden Symptome treten nach und nach auf und werden zunehmend deutlicher. Sie stellen keine unmittelbare Lebensbedrohung dar, sollten jedoch nicht auf die leichte Schulter genommen und unbedingt mit Ihrem Tierarzt besprochen werden.

• Ihr Hund jault bei jeder Bewegung und will nicht mehr laufen.

• Krämpfe setzen ein oder werden schlimmer und treten häufiger auf. Bei einem Krampf versteift sich der Körper, der Hund beginnt zu zittern, ist bewegungsunfähig oder verweigert jegliche Bewegung. Ein solcher Anfall kann fünf bis dreißig Minuten andauern.

• Es kommt immer häufiger zu „Unfällen" im Haus. Es kommt ohne Vorwarnung zu Blasen- und Darmentleerungen.

• Der Hund erbricht häufiger.

males Verhalten bestrafen. Für all die Jahre, in denen er Ihnen seine Liebe, seinen Schutz und seine Kameradschaft geschenkt hat, verdient er im Alter Ihre besondere Aufmerksamkeit und Pflege. Der alte Hund muss sich vielleicht um drei Uhr morgens erleichtern, denn er kann „es" nun nicht mehr über acht Stunden einhalten. Er kann wahrscheinlich auch nicht mehr länger als zwei bis drei Stunden alleine im Haus eingesperrt werden. Vielleicht ist nun auch die Zeit gekommen, wo Sie Ihrem alten Freund ein altes Sofa oder einen Sessel abtreten sollten. Auch wenn es vielleicht nicht den Anschein hat, als würde er sich wirklich über Ihre gesteigerte Aufmerksamkeit und mehr Krauleinheiten freuen, so können Sie sicher sein, dass er es wirklich genießt.

Ihre Englische Bulldogge kann nicht verstehen, weshalb sich die Welt um sie herum immer langsamer dreht. Deshalb muss der Halter ihr den Übergang in die goldenen Lebensjahre so leicht und angenehm wie möglich machen.

Was tun, wenn die Zeit kommt?

Sie sind niemals wirklich darauf vorbereitet, die rationale Entscheidung zu fällen, Ihren Hund einschläfern zu lassen. Sie lieben Ihre Englische Bulldogge, das ist selbstverständlich. Ihren geliebten Hund einschläfern zu lassen, ist eine extrem schwierige Entscheidung, die Sie mit der Unterstützung Ihres Tierarztes und Ihrer Freunde treffen sollten.

Wenn das Leben Ihres Hundes durch die Schwere einer Erkrankung oder die Behinderung durch Altersleiden so beeinträchtigt, dass das Ende nahe ist oder Ihr

me, aber ballaststoffreiche Ernährung. Die Zugabe von frischem Gemüse und Knochenmarkbrühe macht das Futter für den Senior schmackhaft, kalorien- und fettarm. Tierärzte bieten spezielle Futtersorten für alte Hunde an, die dem Alter und den körperlichen Ansprüchen entsprechend ausgewogen sind.

Ihr Hund benötigt während dieses Alterungsprozesses Ihre Geduld und die beste Pflege, die Sie ihm geben können. Sie sollten einen alten Hund niemals für einen Unfall im Haus oder ein abnor-

geliebter Hund für die restliche, ihm verbleibende Zeit nur noch leiden wird, ist das Einzige, was Sie für ihn tun können, die sanfte Erlösung von seinen Leiden. Ich finde, das sind Sie ihm nach ihrer langjährigen Freundschaft schuldig.

Was geschieht beim Einschläfern?

Der Begriff Euthanasie ist aus dem Griechischen abgeleitet und bedeutet soviel wie „guter Tod". Mit anderen Worten ist mit „Euthanasie" der geplante und schmerzlose Tod gemeint. Ein Hund, der unter einer schmerzhaften und unheilbaren Krankheit leidet oder so alt ist, dass er nicht mehr laufen, sehen, fressen oder seine grundlegenden Körperfunktionen kontrollieren kann, hat kaum mehr etwas, das wir als Lebensfreude bezeichnen würden. Eingeschläfert wird gewöhnlich mittels der Injektion einer Überdosis eines Anästhesiemittels oder Barbiturats. Außer dem Einstich der Injektionsnadel spürt Ihr Hund nichts.

Und wie geht es Ihnen?

Die Tage zwischen dem Ausbruch der Krankheit und dem Tod Ihres Hundes sind sicherlich äußerst belastend. In die schwere Entscheidung, Ihren Hund einschläfern zu lassen, sollten auf jeden

> ## Wussten Sie schon?
>
> Viele Tierärzte bieten Ihnen an, Ihren Hund – wenn die Zeit einmal gekommen ist – in Ihrer Wohnung einzuschläfern. So ersparen Sie sich und dem Hund den zusätzlichen Weg in die Praxis, und er kann in seiner gewohnten Umgebung friedlich einschlafen.

Fall alle Familienmitglieder, auch die Kinder, mit einbezogen werden. Dies ist allen eine Hilfe auf dem harten Weg der Entscheidungsfindung. Tun Sie Ihrem Hund aber bitte einen Gefallen: Schieben Sie den unvermeidlichen Entschluss nicht zu lange vor sich her! Das würde seine Leiden ohnehin nur unnötig (und unzumutbar) verlängern. Der Tierarzt kann versuchen, mit starken Medikamenten die letzten Tage des Tieres etwas zu erleichtern, aber wirklich helfen können nur Sie. Vielleicht tut es Ihnen ja gut, mit Ihren Familienangehörigen zu sprechen oder auch mit Freunden, die schon einmal in der gleichen Situation waren. Keinesfalls hat es Ihr langjähriger vierbeiniger Freund verdient, übermäßig zu leiden.

Der letzte Ruheplatz

Hunde können auf einem Hundefriedhof begraben werden, was allerdings sehr kostspielig ist. Sie können Ihren Hund unter bestimmten Voraussetzungen auch in Ihrem Garten beerdigen oder ihn einäschern lassen und seine Asche mit nach Hause nehmen.

Ihre geliebte Englische Bulldogge weiß nicht, warum sich ihre Welt langsamer dreht. Machen Sie ihr die Goldenen Jahre so bequem und erfreulich wie möglich.

135

Englische Bulldogge

Die meisten Haustierfriedhöfe verfügen über Urnenstellen, wo Sie die Asche Ihres Hundes nach der Verbrennung aufbewahren können.

Ein Hund, der erst im hohen Alter gestorben ist, wurde mit den Jahren ruhiger und langsamer. Wenn Sie sich einen temperamentvollen Welpen aussuchen, wird er Ihr Leben ziemlich auf den Kopf stellen! Vielleicht ist das genau die Ablenkung, die Sie nun brauchen. Oder wäre ein erwachsener, bereits erzogener Hund etwas für Sie? Wollen Sie überhaupt wieder eine Englische Bulldogge? Das könnte Sie verführen, Ihren neuen Hund ständig mit Ihrem alten zu vergleichen, was unfair wäre, denn jeder Hund hat seine eigenen Stärken und seine Schwächen.

Wenn Sie wieder eine Englische Bulldogge haben möchten, fragen Sie doch den Züchter Ihres ersten Hundes, wann er den nächsten Wurf erwartet! Sie haben bestimmt Kontakte zu anderen Bulldoggen-Besitzern und -Züchtern über den Verein geknüpft, die Ihnen gerne bei der Suche nach einem neuen Hund helfen werden.

All diese Möglichkeiten sollten Sie mit Ihrem Tierarzt und ihrer Familie diskutieren und sich auch über die jeweiligen Kosten informieren. Bei Feuerbestattungen für Hunde handelt es sich meistens um Massenverbrennungen. Sie erhalten später nicht wirklich die Asche Ihres geliebten Hundes, sondern nur einen Teil der Asche aus dieser Gemeinschaftsverbrennung. Wenn Sie die sterblichen Überreste Ihres Hundes beim Tierarzt lassen (auch das ist selbstverständlich möglich), ist dieser dazu verpflichtet, sie zu einer Tierkörperverwertungsstelle zu geben.

Tierfriedhöfe gibt es mittlerweile in der ganzen Welt.

Für welche Möglichkeit Sie sich auch entscheiden: Ihr Tierarzt kann Ihnen mit Kontaktadressen weiterhelfen.

Wie wäre es mit einem neuen Hund?

Der Verlust Ihres Hundes trifft Sie vielleicht genauso hart wie der Tod eines Verwandten oder Freundes. Auch wenn jeder Hund unersetzlich ist, ist es zumindest möglich, dass Sie sich eine neue Englische Bulldogge ins Haus holen.

CDS: COGNITIVE DYSFUNCTION SYNDROME
„Alter-Hund-Syndrom"

Symptome:

Es gibt viele Möglichkeiten, die Merkmale eines alternden Hundes zu bewerten. Tierärzte haben die allmähliche Verschlechterung verschiedener Fähigkeiten unter dem Begriff „CDS" (Cognitive Dysfunction Syndrom) zusammengefasst. Wenn der Hund seine normalen Gewohnheiten verändert und eine organische Erkrankung ausgeschlossen werden konnte, dann sind diese Dinge altersbedingte Veränderungen.
Mehr als die Hälfte aller Hunde, die älter als acht Jahre sind, leiden an diesen Symptomen. Je älter, um so häufiger treten diese Dinge auf.

Folgende vier Anzeichen sind für CDS charakteristisch:

- Häufige Probleme mit der Stubenreinheit
- Veränderte Schlafgewohnheiten
- Verwirrtheit
- Fehlende Reaktion auf äußere Anregungen

Häufige Probleme mit der Stubenreinheit
- Zeigt nicht an, wenn er hinaus muss
- Absetzen von Kot im Haus
- Urinieren im Haus

Veränderte Schlafgewohnheiten
- Bewegt sich sehr langsam
- Schläft am Tag mehr als normal
- Schläft nachts weniger als normal
- Geht ziel- und lustlos umher

Verwirrtheit
- Verkriecht sich oft
- Erkennt Freunde nicht
- Geht hinaus und bleibt stehen
- Erscheint verwirrt, abwesender Blick
- Kommt nicht, wenn er gerufen wird
- Findet sich auch in bekannter Umgebung schlecht zurecht

Fehlende Reaktion auf äußere Anregungen
- Nimmt weniger Kontakt zu Menschen auf, egal ob er gerufen wird oder nicht
- Mag nur kurze Zeit gestreichelt werden
- Kommt zur Begrüßung nicht an die Tür, wenn man nach Hause kommt.

Ihre Englische Bulldogge
auf Ausstellungen

Als Sie sich Ihre Englische Bulldogge ausgesucht haben, haben Sie den Züchter bestimmt nicht darüber im Unklaren gelassen, ob Sie einen liebenswerten Familienhund oder lieber einen für den Ausstellungsring oder die Zucht geeigneten Hund haben wollten. Kein verantwor-

Einen Titel gewinnen

Eine Championats-Anwartschaft auf einer der Rassehundeausstellungen des VDH zu gewinnen, ist für jeden

Hund eine große Auszeichnung. Den Titel eines Champions zu erhalten, erfordert viel Zeit und Einsatz und kann teuer werden. Die Bausteine für den Erfolg eines Champions sind ein standardgerechter Hund, beste Pflege, Training, fachgerechtes Trimmen und nicht zuletzt das nötige Glück. Aber auch ohne Championtitel macht es Spaß, seinen Hund gelegentlich auszustellen. Dabeisein ist alles!

tungsbewusster Züchter würde Ihnen einen Welpen verkaufen und behaupten, dass dieser definitiv Ausstellungsqualitäten besitzt, denn während der frühen Wochen und Monate der Entwicklungsphase kann einfach zuviel passieren. Wenn Sie an Ausstellungen interessiert sind, können Sie nur hoffen, dass Ihr Welpe das nötige Ausstellungspotential besitzt. Das wiederum kann ein erfahrener Züchter gut einschätzen.

Für den Unerfahrenen mag das Vorführen einer Englischen Buldogge im Ring einfach aussehen, jedoch erfordert es gewöhnlich viel harte Arbeit und Aufopferung, um bei wirklich wichtigen Ausstellungen den ersten Preis zu gewinnen – ganz zu schweigen von dem bisschen Glück, das auch nicht fehlen darf.

Das Erste, was ein Ausstellungsanfänger lernt, wenn er bei einer Hundeausstellung zuschaut ist, dass jede teilnehmende Rasse zuerst gegen andere Vertreter der eigenen Rasse antritt. Nachdem die Ringrichter den besten Vertreter aus jeder Rasse ermittelt haben, treten diese in ihren Gruppen gegeneinander an. Zum Schluss treten die besten jeder Gruppe gegeneinander an, und einer von ihnen wird dann von den Ringrichtern zum „Besten Hund der Ausstellung" ernannt. Das Zweite, was ein Ausstellungsanfänger lernen muss, ist, dass die teilnehmenden Hunde nicht wirklich gegeneinander konkurrieren. Es ist vielmehr so, dass die Richter jeden einzelnen Hund nach den Richtlinien des Rassestandards beurteilen, der das ideale Exemplar jeder einzelnen Rasse festlegt. Während einige der frühen Standards tatsächlich auf speziellen berühmten oder bekannten Hunden basierten, sagen viele Enthusiasten, dass ein perfektes Exemplar, wie im Standard beschrieben, niemals gezüchtet wurde. Dieser imaginäre Hund war niemals im Ausstellungsring, wurde niemals gezüchtet und existiert, zum Kummer aller Hundezüchter, eigentlich überhaupt nicht.

Die Züchter versuchen, mit jedem neuen Wurf so dicht wie möglich an dieses Ideal heranzureichen, jedoch ist der „perfekte" Hund theoretisch gesehen derart unwirklich, dass das unmöglich ist. Und selbst wenn dieser „perfekte" Hund jemals geboren werden würde, wäre es fraglich, ob die Züchter und Richter jemals darin übereinstimmen würden, dass er wirklich und wahrhaftig perfekt ist.

Wenn Sie sich ernsthaft für die vielen Ausstellungs- und Wettbewerbsmöglichkeiten interessieren, wäre es das Beste, wenn Sie sich einem eingetragenen Zuchtverein anschließen würden. Diese Vereine veranstalten selbst Ausstellungen (oftmals auch Championats- und offene Ausstellungen sowie auch Vergleichsshows und Spezialveranstaltungen), die alle von Interesse sein können, auch wenn Sie nur ein Zuschauer sind. Sie verschicken Informationsbroschüren, bieten Trainingstage an und vermitteln Kontakte mit Mitgliedern, die einem unerfahrenen Anfänger mit guten Ratschlägen und ihren eigenen Erfahrungen gerne zur Seite stehen.

Um in Erfahrung zu bringen, wo sich der für Sie am nächsten gelegene Zuchtverein befindet, wenden Sie sich am besten an den Verband für das Deutsche Hundewesen e.V. (VDH). Diese Institution ist der nationale Hundezuchtverband Deutschlands, dem mehr als 140 Rassezuchtvereine angeschlossen sind und der in Dortmund ansässig ist. Er ist außerdem das mitgliederstärkste Mitglied der FCI (Fédération Cynologique

Der Richter begutachtet eine Gruppe Englischer Bulldoggen. Jeder Halter muss seinen Hund während der Bewertung unter Kontrolle haben.

Der Stolz eines Hundehalters ist bei der Teilnahme an der ersten Ausstellung besonders groß.

139

Internationale) und verantwortlich für die Führung von Zuchtbüchern, Organisation von Ausstellungen, Leistungsprüfungen und die Präsentation aller Hunderassen.

Die FCI ist ihrerseits die Dachorganisation in der Hundezucht und repräsentiert eine Vielzahl von Ländern weltweit. Dabei handelt es sich im Besonderen um die Staaten Europas, die gemeingültige Regeln für die Anerkennung der Rassen und die Zucht erlassen haben.

In den Ausstellungen organisierenden Vereinen und Verbänden wird zwischen mehreren Ausstellungsarten unterschieden. Es gibt Spezialzuchtschauen der einzelnen Rassehundvereine, allgemeine Rassehundzuchtausstellungen der Länderverbände des VDH, Internationale Rassehundzuchtausstellungen, Bundessieger-, Europasieger- und Weltsiegerausstellungen und Pfosten- oder Bezirkszuchtschauen, die von einigen Vereinen veranstaltet werden und der Vergabe von Zuchtzulassungen dienen. Die wichtigste Anwartschaft auf einer Internationalen Zuchtschau ist das CACIB (Certificat d'Aptitude au Championnat International de Beauté) - das Internationale Schönheits-Championat der FCI. Die Anwartschaft auf den Deutschen Champion (VDH) wird auf allen unter der Leitung des VDH veranstalteten Zuchtausstellungen vergeben. Der Titel „Deutscher Bundessieger" wird alljährlich auf der Bundessiegerzuchtausstellung verliehen, genau wie der Titel „Europasieger" ebenfalls jedes Jahr auf einer europaweiten Zuchtschau des VDH vergeben wird. Die FCI-Weltsiegerzuchtschau und FCI-Europasiegerzuchtschau werden vom FCI an ihre Mitgliederverbände vergeben und finden jedes Jahr in einem anderen Land statt. Hier wird auch der Titel FCI-Weltjugendsieger vergeben, der an den erstplazierten Hund (Altersgruppe neun bis 18 Monate) mit der höchsten Formwertnote geht. Eine weitere

Die Etikette

Es gibt auch für den Ablauf im Ausstellungsring gewisse Grundregeln die man am besten durch praktische

Erfahrung lernt. Für Sie als Neuling kann die Atmosphäre am Ring ziemlich einschüchternd wirken, vor allem, wenn Sie den Eindruck haben, dass alle anderen zu wissen scheinen, was sie tun müssen – nur Sie nicht. Nehmen Sie deshalb, wenn möglich, an Ringtrainingskursen teil, und lassen Sie sich von erfahrenen Ausstellern Tipps geben. Im Ring sollten Sie die Anweisungen des Richters befolgen; es wird ihm sicher nicht verborgen bleiben, dass Sie und Ihr Hund Neulinge sind, und er wird Sie mit zusätzlichen Hinweisen unterstützen. Außerdem: Auch die gewieftesten Hundevorführer haben so klein angefangen wie Sie!

Anwartschaft ist das CAC (Certificat d'Aptitude au Championnat), das nationale Schönheits-Championat.

Neben diesen Rassezuchtausstellungen gibt es auch noch Wettbewerbe und Prüfungen für Arbeitshunde, in Gehorsamkeit, für Leistungs-, Schutz-, Spür-, Hüte-, Jagd- und Nutzhunde, die ebenfalls von den verschiedenen Vereinen und Verbänden veranstaltet werden, national oder international ausgelegt sind, und wo es ebenfalls viele Titel und Preise zu gewinnen gibt. Sich das Championat auf einer der Rassehundausstellungen des VDH zu verdienen, ist keine einfache Angelegenheit. Den Titel eines Champions zu erhalten, erfordert viel Zeit und Einsatz und kann sogar ziemlich teuer

Eine Ausstellung kann eine aufregende Angelegenheit sein. Hier der aus italienischer Zucht stammende Sieger (Bester Hund der Ausstellung) einer FCI-Hundeshow in Slowenien.

Ausstellungsklassen

Für jedes der beiden Geschlechter einer Hunderasse kann es bis zu acht Ausstellungsklassen geben. Informieren Sie sich über die Ausstellungsrichtlinien, damit Sie Ihren Hund auch in der richtigen Klasse anmelden. Es gibt beispielsweise je nach Alter die Jüngstenklasse (sechs bis neun Monate), die Jugendklasse (neun bis achtzehn Monate) und die offene Klasse (ab fünfzehn Monate). Unter den Klassensiegern werden zusätzlich die Rassebesten und bei Mehr-Rassen-Ausstellungen aus diesen dann der „Best-in-Show" gekürt. Genaue Auskunft darüber gibt die VDH-Zuchtschauordnung, die Ihnen gerne vom VDH zugeschickt wird!

werden. Die Bausteine für das Podium eines Champions sind ein guter Zuchtstamm, beste Pflege, geeignetes Training und nicht zuletzt viel Glück.

Um sich mit Leistungswettbewerben vertraut zu machen, sind offene Veranstaltungen eine gute Wahl. Solche Ausstellungen sind allen Rassehunden zugänglich, die mindestens 15 Monate alt sind und noch keinerlei weitere Qualifikationen für eine andere Klasse erreicht haben. Während derartige Veranstaltungen für den Anfänger wichtig und lehrreich sind, gibt es noch andere Arten von Ausstellungen, an denen der interessierte Halter teilnehmen kann. Hundeschulen bieten sehr häufig sogenannte Ringtrainings an, bei denen der unerfahrene Hundehalter alle notwendigen Tricks und Handgriffe lernen kann, die für eine erfolgreiche Präsentation im Ring notwendig sind.

Bevor Sie sich nun in den Ausstellungsring stürzen, sollten Sie zunächst etwas Zeit zum Beobachten aufbringen. Auf Ihrer ersten Ausstellung ist Ihnen gut damit geraten, nicht zu übereifrig zu sein, sondern erst einmal anderen Teilnehmern den Vortritt zu lassen, diesen zuzuschauen und vor allem die Arbeitsweise der Ringrichter zu studieren. Der Richter bittet jeden Teilnehmer darum, seinen Hund in eine stehende Position zu bringen, damit er das Tier eingehend beurteilen kann. Er betrachtet jeden Hund aus der Entfernung, verschiedenen Blickwinkeln, dann geht er auf ihn zu, bewertet seine Zähne, Allgemeinstruktur, Aufmerksamkeit, die Muskulatur und vergleicht dann all diese Bewertungskriterien mit dem Rassestandard. Dann muss der Halter seinen Hund nach den Anweisungen des Richters im Ring herumführen, was ein weiterer Grund dafür ist, nicht als Erster in den Ring zu stürmen – erst zuhören und zuschauen, denn einige Richter ändern zuweilen ihre Anweisungen, und der Richter hat immer Recht! Nach einem letzten prüfenden Blick wendet sich der Richter dann dem nächsten Kandidaten zu.

Wenn Ihr Hund auf seiner ersten Ausstellung nicht gleich einen der ersten drei Plätze belegt, sollte Sie das nicht entmutigen. Mit etwas Geduld und Durchhaltevermögen wird der Erfolg nicht lange auf sich warten lassen. Vergessen Sie nicht, dass die Halter der Champions selbst einmal in Ihren Schuhen gesteckt haben und viel Zeit, Arbeit und Geld investieren mussten, um das Ziel ihrer Träume zu erreichen. Wenn Sie allerdings das Gefühl haben, dass Ihr Hund stets zu den Verlierern gehört und niemals eine gute Bewertung erhält, dann sollten Sie sich mit ihm vielleicht besser einer anderen Hundesportart zuwenden, die ihnen beiden mehr Spaß macht und erfolgversprechender ist.

Fédération Cynologique Internationale (FCI)

Diese Organisation wurde schon 1911 ins Leben gerufen. Die FCI repräsentiert den Dachverband aller Hundezuchtverbände der Welt, also das internationale Körperschaftsorgan, das die Richtlinien der Zucht, der Bewertungen und Ausstellungen von rassereinen Hunden vereinheitlicht. Obwohl der FCI ursprünglich nur die europäischen Nationen Frankreich, Niederlande, Österreich und Belgien (wo sich auch heute noch die Zentralniederlassung befindet) angeschlossen waren, umfasst sie heute die Nationen von sechs Kontinenten. Aufgrund der Anerkennung der einzelnen Rassen innerhalb der Mitgliedsländer der FCI enthält das dort geführte Register mehr als 330 verschiedene Rassen.

Der Richter bewertet jeden Hund einzeln, wobei er auch Fang, Kopf, Körper und bei Rüden die Hoden inspiziert.

Die Anmeldung

Lassen Sie sich ein Ausstellungsprogramm mit einem Meldeformular schicken. So finden Sie schnell heraus, in welcher Klasse Sie Ihren Hund einschreiben müssen. Füllen Sie das Formular in Ruhe aus. Legen Sie die fällige Meldegebühr in Form eines Schecks bei oder überweisen Sie den Betrag auf das genannte Konto. Beachten Sie das Datum des Meldeschlusses! Und lesen Sie sich sorgfältig durch, wozu Sie sich mit Ihrer Unterschrift auf dem Meldeschein verpflichten.

Durch die FCI werden drei sehr begehrte Titel vergeben – Internationaler Champion – der die höchste Auszeichnung darstellt; Internationaler Schönheits-Champion – der auf Eignungsurkunden aus unterschiedlichen Ländern basiert; und Spürhund-Champion – der Siege in Gehorsamsprüfungen in verschiedenen Ländern erfordert. Leider hindern die Quarantänebestimmungen in England (zumindest noch derzeit) und Australien viele Aussteller an der Teilnahme der

Wussten Sie schon?

Wer an einer großen in- oder ausländischen Ausstellungen der FCI teilnehmen will, braucht eine von der FCI anerkannte Ahnentafel. Das heißt, der Hund muss aus einer anerkannten Zucht des VDH-Rassezuchtvereins oder eines ausländischen von der FCI anerkannten Dachverbandes stammen.

FCI-Schauen, wohingegen die restlichen Nationen Europas ungehindert an diesen spektakulären Veranstaltungen teilnehmen können. Von diesen sind die FCI-Weltsiegerzuchtschau und FCI-Europasiegerzuchtschau die größten, die jedes Jahr in einem anderen Land stattfinden. Die FCI ist der Sponsor nationaler als auch internationaler Ausstellungen. Das jeweils gastgebende Land hat zwar das Recht, das Bewertungssystem zu bestimmen, der Rassestandard basiert jedoch stets auf dem des Ursprungslandes der betreffenden Rasse.

Wichtige Adressen

Allgemeiner Club für
Englische Bulldogs e.V.
Schillerstr. 51
46947 Oberhausen

Verband für das
Deutsche Hundewesen e. V. (VDH)
Westfalendamm 174
44041 Dortmund
www.vdh.de

Fédération Cynologique
Internationale (FCI)
14, rue Leopold II
B-6530 Thuin, Belgium
www.fci.be

The Kennel Club
1-5 Clarges St., Piccadilly,
London W1Y 8AB, UK
www.the-kennel-club.org.uk

Das Verhalten Ihrer Englischen Bulldogge

Als Halter einer Englischen Bulldogge haben Sie einen Hund ausgewählt, der Ihnen und Ihrer Familie ein Kamerad, Beschützer, Freund und ein zusätzliches Familienmitglied ist. Sie haben Geld, Zeit und Arbeit in die Pflege und Ausbildung Ihres Hundes investiert, und dieser Hund soll nun ein perfektes Verhalten zeigen. Nun ja, eben so perfekt, wie es für einen Hund sein kann.

Führungsansprüche

Jeder Hund will instinktiv der Anführer seines Rudels werden. Deshalb ist es so wichtig, dass Sie Ihren Hund überzeugen, dass Sie der Boss sind.

Mit einem Hund in „demokratischem" Verhältnis zusammenzuleben, ist so gut wie unmöglich. Sie müssen der absolute Herrscher sein, dessen Stellung nicht in Frage gestellt wird.

Denken wie ein Hund

Hunde denken nicht wie Menschen, und wir Menschen denken nicht wie Hunde. Dennoch ist es die Aufgabe des Halters, sich in die Denkweise seines Hundes hineinzuversetzen, um bei der Erziehung erfolgreich zu sein. Hunde können beispielsweise nicht abstrahieren und leben ausschließlich in der Gegenwart.

Viele Halter begehen bei der Ausbildung und Erziehung immer wieder den Fehler zu glauben, dass sie ihren Hund für etwas bestrafen können, was er bereits vor einiger Zeit getan hat. Generell können Sie einen Hund noch nicht einmal für etwas rügen, das nur 20 Sekunden her ist. Entweder erwischen Sie ihn auf frischer Tat, oder Sie müssen den Vorfall schlicht und ergreifend vergessen. Sie vergeuden nur Ihre Zeit.

Die im Folgenden genannten Verhaltensprobleme sind Beispiele für Situationen, mit denen Hundehalter am häufigsten konfrontiert werden. Sie sollten dabei jedoch nicht vergessen, dass jeder Hund ein Individuum und somit auch jede Situation einzigartig ist. Niemand kann seine Probleme mit einem Hund lösen, indem er einfach in einem Buch nachschlägt. Wir wollen Ihnen einige

Grundlagen der „Hundesprache" näherbringen, so dass Sie das Verhalten Ihres Hundes verstehen und Probleme einfacher lösen können.

Sie sollten unakzeptable Verhaltensweisen mit Ihrem Tierarzt besprechen, denn er kann Ihnen bestimmt einen Verhaltensspezialisten empfehlen, wenn die Situation einen solchen Schritt erforderlich macht. Da abnorme Verhaltensweisen der Hauptgrund dafür sind, dass Hundehalter ihre Hunde aussetzen, hoffen wir inständig, Ihnen hier einige wertvolle Ratschläge geben zu können, falls Sie mit Ihrer Englischen Bulldogge ähnliche Probleme haben. Geduld und Verständnis sind Tugenden, die in jedem tierlieben Haushalt gedeihen.

Aggressivität

Dies ist das offensichtlich größte Problem, das der Halter einer Englischen Bulldogge haben kann. Aggressivität kann bei Hunden zu einem sehr großen Problem werden, besonders wenn sie von einer Kampfhundlinie abstammen. Unkontrollierte Aggressivität wird zu einer Gefahr, und ein aggressiver Hund, egal welcher Größe, kann jederzeit zuschnappen, beißen oder gezielt angreifen. Ein aggressives Verhalten kann daher keinesfalls toleriert werden.

Es handelt sich hierbei um mehr als nur um ein unerwünschtes Benehmen – Aggressivität stellt eine permanente Gefahr dar. Es ist sehr schmerzhaft für eine Familie mitanzusehen, wenn ihr Hund sein unberechenbares Verhalten bis zu einem Punkt weiterentwickelt, an dem man Angst bekommt. Und obwohl nicht jede Art von aggressivem Verhal-

ten auch gefährlich sein muss, so sind Knurren, Zähnefletschen und ähnliches ausgesprochen beängstigend. Es ist ausgesprochen wichtig herauszufinden, warum sich der Hund derartig verhält. Aggressivität ist ein Ausdruck von Dominanz, und Ihr Hund sollte keinesfalls die dominierende Rolle spielen.

Einen aggressiven Hund sollte man nicht herausfordern, denn das könnte einen Angriff provozieren. Achten Sie genau auf die Körpersprache Ihrer Englischen

Wussten Sie schon?

Wenn Hunde häufig allein gelassen werden, freuen sie sich meistens überschwänglich, wenn man nach Hause kommt. Manchmal rennen

sie herum, springen oder benehmen sich anderweitig recht wild. Warten Sie mit der Begrüßung, bis der Hund sich beruhigt hat, sonst betrachtet der Hund Ihre Zuwendung als Belohnung für sein Verhalten.

Nicht küssen!

Hunde zeigen uns ihre Zuneigung, indem Sie uns belecken. Dies kann sehr unhygienisch sein, da Hunde während der täglichen Spaziergänge

überall schnüffeln. Achten Sie darauf, dass Ihre Kinder solchen Kontakt mit dem Hund meiden oder sich anschließend zumindest gründlich das Gesicht und die Hände waschen.

Hund ist unberechenbar, denn Sie wissen nie, was er als nächstes tut. Es ist sehr schwer zu verstehen, warum ein Hund in einer Minute verspielt und liebevoll ist und in der nächsten knurrt und beißt. Eine Lösung ist der Besuch bei einem Verhaltensspezialisten, der im Idealfall bereits Erfahrungen mit Englischen Bulldoggen hat. Mit seiner Hilfe wird es möglich sein, die Ursachen für das aggressive Verhalten Ihres Hundes zu ergründen und diese zu eliminieren.

Wenn Ihre Englische Bulldogge ihre Vertrauenswürdigkeit aber gänzlich verliert, kann sie nicht weiterhin mit Ihnen und Ihrer Familie unter einem Dach leben. In einem solchen Fall werden Sie sich von ihr trennen müssen, wobei Sie dem potentiellen neuen Besitzer gegenüber Ihre Gründe unbedingt ehrlich mitteilen müssen.

Aggression gegen andere Hunde

Ein aggressives Verhalten gegenüber anderen Hunden gründet sich meistens in einer schlechten Sozialisierung. Bei der Englischen Bulldogge ist eine frühe Sozialisierung mit anderen Hunden sehr wichtig. Englische Bulldoggen sind nicht von Natur aus gegen andere Hunde aggressiv, denn sie haben sich von Kampfhunden zu liebevollen Haushunden entwickelt. Es ist die Aufgabe des Züchters und Halters, jegliche Anzeichen von Aggressivität abzuerziehen und die Englische Bulldogge zu einem ehrenwerten Mitglied der Hundegesellschaft zu machen. Wenn andere Hunde Ihre Englische Bulldogge nervös machen und reizen, könnte sie in Selbstverteidigung nach ihnen schnappen, auch wenn die-

Bulldogge. Starrt sie Ihnen direkt in die Augen und hält Ihren Blick fest? Macht sie sich so groß wie möglich, indem sie die Ohren aufstellt, die Brust herausschiebt und den Hals reckt? Körperhöhe und -breite verkörpern Autorität – wenn ein Hund größer ist und andere überragt, heißt das auch, dass sein sozialer Status höher als der der anderen ist. Ihre Englische Bulldogge betrachtet sich als ranghöher als Sie, was ein Problem darstellt, das Sie schnellstmöglich in den Griff bekommen müssen. Ein aggressiver

ses Verhalten nicht für die Rasse typisch ist. Wenn keine ausreichende Sozialisierung mit anderen Hunden stattgefunden hat, ist Ihr Hund der Meinung, er wäre der einzige auf der Welt. Er wird so dominant, dass er keinerlei Anzeichen von Ängstlichkeit zeigt. Er wird andere Hunde beißen, ohne diese vorher auch nur durch ein Knurren zu warnen. Um dieses Verhalten zu kontrollieren, sollten Sie Ihre Englische Bulldogge beim Zusammentreffen mit anderen Hunden an der Leine halten. Beobachten Sie sie aufmerksam, ziehen sie bei den ersten Anzeichen von Aggression zurück und begleiten das mit einem strengen „Nein". Schimpfen Sie sie für jedes Fehlverhalten aus und loben ausgiebig, wenn der andere Hund ignoriert oder akzeptiert wird. Dieses Training wird so lange fortgesetzt, bis Ihr Hund das aggressive Verhalten ablegt und gelernt hat, dass Ignoranz und Akzeptanz gelobt werden.

Dominanzaggression

In einem Hunderudel herrscht eine strenge Hierarchie. Ein Hund versucht deshalb stets, die in der Rangordnung unter ihm stehenden Mitglieder zu dominieren und denen über ihm zu gefallen. Hunde wissen, dass es in jedem Rudel einen Führer geben muss. Wenn Sie keine offensichtlichen Führungsqualitäten besitzen oder zeigen, wird Ihr Hund Sie automatisch dominieren. Dieser angeborene natürliche Instinkt kann zwar nicht vollständig unterdrückt oder aberzogen werden, jedoch kann der Halter dem durch frühzeitige Erziehung begegnen. Beim Training lernt der Hund,

Befehle von seinem Halter zu befolgen, wodurch dieser immer wieder seine Dominanz beweist. Durch die Modifikation des Verhaltens und das Abverlangen von Gehorsam unterdrückt der Halter den Drang seines Hundes, ihn zu dominieren.

Einer der wichtigsten Aspekte beim Hundetraining ist, dass Sie jede Gelegenheit nutzen, um Ihre Position als Rudelführer zu festigen. Dazu gehört beispielsweise auch, Ihrem Hund seinen Fressnapf erst zu geben, nachdem er sich artig vor Sie hingesetzt hat. Damit sagen Sie Ihrer Englischen Bulldogge, dass Sie bestimmen, wann sie frisst und sie somit von Ihnen abhängig ist.

Wussten Sie schon?

Mancher Hund scheint genauso zu lachen wie sein Besitzer. Bei dessen Begrüßung freut er sich so sehr, dass er seine Lefzen hochzieht und so bei

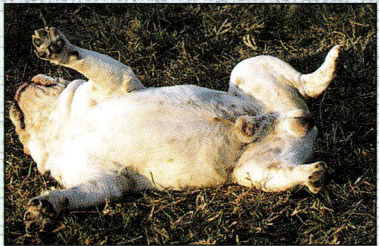

geschlossenem Fang seine Zähne zeigt. Oft rollt er sich dabei auch noch auf den Rücken, um sanft am Bauch gekrault zu werden. Anderen Hunden oder Katzen gegenüber ist dieses „Lächeln" bisher noch nicht beobachtet worden!

Lassen Sie sich nicht ständig dazu verleiten, den Wünschen Ihres Hundes nachzugeben, auch nicht, wenn er winselt und weint und Sie mit diesem unwiderstehlich bittenden Blick ansieht. Es ist unbedingt erforderlich, dass Sie ihm stets zu verstehen geben, dass sein Platz im Rudel unter Ihnen und Ihrer Familie ist. Das soll jedoch keinesfalls herzlos oder unmenschlich klingen, Sie müssen Ihren Hund stets mit Liebe und Respekt behandeln. Sie haben sich ihn (hoffentlich) nicht aus dem Grunde angeschafft, um jemanden herumkommandieren zu können. Das Hundetraining dient nicht dem Zweck, seinem Hund gegenüber grob zu sein, um die eigene Wichtigkeit unter Beweis zu stellen. Es ist eigentlich so einfach – loben Sie Ihren Hund für gutes Verhalten und rügen Sie ihn für schlechtes. Stellen Sie ihn jedoch nie mit sich selbst auf eine Stufe, denn er wird die Gelegenheit sofort auszunutzen versuchen. Bei einem sehr dominanten Hund können zu häufiges Rügen und negative Erfahrungen genau den gegenteiligen Effekt von dem zur Folge haben, was Sie eigentlich erreichen wollen. Es kann dazu kommen, dass Ihr Hund ängstlich wird und aggressiv reagiert, wenn er sich herausgefordert fühlt. Ein dominanter Hund betrachtet sich selbst als den Rudelführer und wird diese Führungsposition unter allen Umständen verteidigen. Wenn Sie Probleme dabei haben, Ihre Englische Bulldogge zu trainieren, und den Eindruck gewinnen, dass sie Ihre Autorität ständig anzweifelt, wenden Sie sich an einen erfahrenen Hundetrainer. Er wird mit Ihnen und Ihrem Hund zusammenarbeiten und Ihnen zeigen, wie Sie mit Ihrem Hund richtig umgehen. Nehmen Sie sich vor Trainern in Acht, die auf übermäßig strenge Erziehungsmethoden vertrauen – auch wenn dann und wann eine Rüge angebracht ist.

Wenn es Ihnen möglich ist, die Ursache für ängstliche Reaktionen zu ergründen, können Sie Ihrem Hund bei der Überwindung des Problems helfen. Überwachen Sie das Verhalten Ihrer Englischen Bulldogge gegenüber anderen Menschen und Hunden und loben Sie sie stets für ein freundliches Verhalten. Wenn sie in einer bestimmten Situation unangebracht aggressiv reagiert, korrigieren Sie sie und entlassen sie aus dieser Situation. Lassen Sie es nicht zu, dass fremde Personen Ihren Hund ohne Ihre ausdrückliche Erlaubnis anfassen oder sich ihm nähern. Wenn Sie die Erlaubnis erteilt haben, geben Sie zuerst das „Sitz"-Kommando und behalten die Situation gut im Auge. Wenn sich Ihr Hund korrekt verhält, ist das ein großes Lob wert. Konzentrieren Sie sich darauf, das Verhalten Ihres Hundes durch kleine Belohnungen und viel Lob zu modifizieren. Indem Sie sich sanftmütig verhalten und jede Situation aufmerksam beobachten, geben Sie ihm zu verstehen, dass es nichts gibt, wovor er Angst haben oder wogegen er sich verteidigen muss.

Sexualverhalten

Hunde zeigen bestimmte sexuell bedingte Verhaltensweisen, die Sie vielleicht bereits bei der Auswahl Ihres Englische Bulldoggen-Welpen (Rüde oder Hündin) beeinflusst haben. Natürlich können diese geschlechtspezifischen Verhaltensweisen theoretisch durch eine Kastration eliminiert werden – wenn Sie jedoch mit Ihrem Hund züchten wollen, sollten Sie sich schon darüber im Klaren sein, mit welchen speziellen Verhaltensweisen Sie in Zukunft konfrontiert werden.

Hündinnen kommen gewöhnlich zweimal jährlich in Hitze (auch als Läufigwerden bekannt). Diese Perioden halten jeweils etwa drei Wochen lang an. Es sind die einzigen Phasen, während derer es zu Paarungen kommt, wobei die Hündin den Paarungsakt meistens erst in der zweiten Woche der Hitze zulässt, was allerdings individuell variiert. Wird eine Hündin in dieser Zeit nicht gedeckt, kommt es nicht selten zu einer Scheinschwangerschaft, während der ihre Zitzen anschwellen und sie Spielzeug und anderen Gegenständen gegenüber Muttergefühle entwickelt. Sie sollten auch verstehen, dass das Besteigen von Gegenständen bei Rüden nicht ausschließlich ein Sexualakt, sondern auch ein Ausdruck von Dominanz ist. Deshalb sollte dieses Verhalten in jedem Fall unterbunden werden, was Sie am besten durch Konsequenz und Unnachgiebigkeit Ihrerseits erreichen.

Kauen

Einer der beliebtesten Zeitvertreibe für Hunde ist das Kauen. Jeder Hund liebt es, seine Zähne in etwas zu bohren, nur leider kann dieses „Etwas" manchmal ein Teil der Hand seines Halters sein. Hunde müssen kauen und nagen, denn das stärkt die Kiefermuskeln, festigt das Zahnfleisch und reinigt die Zähne. Es handelt sich dabei um ein völlig natürliches Verhalten, das tief in allen Hunden und Hundeartigen verankert ist.

Unsere Aufgabe als Halter ist es nicht zu versuchen, unserem Hund den Kaudrang abzuerziehen, sondern ihn in eine positive Richtung, also auf kaugeeignete Gegenstände zu lenken. Alles, was Sie tun müssen, ist Ihrer Englischen Bulldogge geeignetes Kauspielzeug zu beschaffen – beispielsweise stabile Nylonkauknochen. Stellen Sie sicher, dass dieses Spielzeug ungefährlich und haltbar ist, da es ansonsten ein Gesundheitsrisiko für Ihren Hund darstellen könnte.

Wie bereits erwähnt, ist der Halter dafür verantwortlich, seinem Hund einen sicheren Lebensraum zu bieten – verstauen Sie Ihre Schuhe, Handtaschen und andere „schmackhafte" Gegenstände außerhalb der Reichweite Ihres Hundes. Wann immer Sie Ihren Welpen dabei ertappen, dass er sich an verbotenen Gegenständen versuchen will, korrigieren Sie ihn mit einem strengen „Nein", geben ihm ein Kauspielzeug und ermutigen ihn dazu, damit zu spielen. Bleiben Sie einige Minuten bei ihm und loben ihn für das korrekte Verhalten. Einige Trainer empfehlen, die Gegenstände

Das Anbieten von sicherem und stabilem Kauspielzeug hält Ihren Hund davon ab, sich „Spielzeug" zu suchen. Achten Sie stets auf den Zustand seiner Spielsachen und tauschen verbrauchte aus.

149

mit Pfeffer oder anderen scharfen oder bitteren Substanzen zu präparieren, um dem Welpen das Nagen daran zu verleiden. Entsprechende Produkte sind im Tierfachhandel erhältlich. Probieren Sie diese erst aus, bevor Sie größere Mengen davon kaufen, manch einem Hund scheinen diese Produkte nichts auszumachen.

Anspringen

Verhindern Sie, dass Ihr Hund Sie anspringt, indem Sie ausweichen, bevor er springt. Wenn Sie nicht mehr ausweichen können, heben Sie Ihr

Knie, damit er Sie nicht anspringen kann. Seien Sie aber nicht brutal dabei. Ihr Hund wird schon merken, dass es bessere Wege gibt, als Sie anzuspringen, um Ihre Aufmerksamkeit zu erhalten.

Hochspringen an Personen

An Ihnen hochzuspringen, ist die Art Ihres Hundes, Sie freudig zu begrüßen. Einige Hundehalter haben gegen dieses Verhalten nichts einzuwenden, es wird aber problematisch, wenn Sie Besuch bekommen und dieser auf gleiche Weise begrüßt wird. Wie freundlich diese Art der Begrüßung auch gemeint sein mag, findet sie nicht jeder wirklich spaßig. Aus diesem Grund ist es das Beste, dieses Verhalten von vornherein zu unterbinden.

Wählen Sie zu diesem Zweck einen Befehl aus – „Bullie, runter" oder etwas ähnliches, das Sie ausschließlich und immer dann benutzen, wenn Ihr Hund an Ihnen oder einer anderen Person hochspringt. Sobald er wieder mit allen vier Pfoten auf dem Boden steht, geben Sie das „Sitz"-Kommando und loben ihn. Wann immer er brav vor Ihnen sitzt oder steht, loben und streicheln Sie ihn. Auf diese Art wird er auch weiterhin in den Genuss einer warmherzigen Begrüßung kommen, denn Sie freuen sich genauso wie er über ein Wiedersehen.

Graben

Das Graben wird von den meisten Menschen als ein destruktives Verhalten angesehen. Tatsächlich handelt es sich jedoch um ein für Hunde natürliches Verhalten, das allerdings zu einem unwiderstehlichen Drang und somit für den Halter zu einer frustrierenden Angelegenheit werden kann. Wenn Ihr Hund in ihrem Garten Löcher buddelt, so stellt das für ihn eine Art Zeitvertreib dar. In der Natur würde ein Hunde aktiv Beute jagen, sich Bauten graben und seine Pfoten zum Überleben einsetzen. Da Sie Ihm jedoch Futter und Unterkunft zur Verfügung stellen, muss er seine Energie nun beim Buddeln entladen.

Vielleicht gräbt Ihr Hund auch aus Langeweile – was man mit jemandem vergleichen könnte, der vor dem Fernseher eine Tüte Kartoffelchips isst, nur weil er nichts Besseres zu tun hat. Die grundlegende Antwort auf dieses Problem ist, Ihrem Hund genügend Abwechslung zu verschaffen, so dass er beschäftigt ist.

Natürlich ist der Drang zum Graben am einfachsten dadurch zu kontrollieren, dass er gleich im Keim erstickt wird. Es ist jedoch nicht immer ganz leicht, Ihren Hund auf frischer Tat zu erwischen. Wenn es sich bei ihm um einen „Zwangsgraber" handelt, der sich nicht einfach durch andere Aktivitäten von seiner Lieblingsbeschäftigung ablenken lässt, sollten Sie ihm in Ihrem Garten einen gesonderten Bereich zur Verfügung stellen, in dem er seinem Drang freien Lauf lassen

Graben macht in Gesellschaft noch mehr Spaß. Hunde ergehen sich oft in ungezogenen Aktivitäten, wie dem Ausheben eines großen Loches im Garten.

kann. Ertappen Sie ihn dann beim Graben außerhalb seiner „Buddelkastenzone", korrigieren Sie ihn, bringen ihn zurück in den erlaubten Bereich und loben ihn dafür, dass er nun dort weitergräbt. Sie müssen ihn während dieses Lernprozesses natürlich gut im Auge behalten, damit Sie ihn auch stets bei seinen „Ausrutschern" ertappen, denn nur so kann er den Unterschied zwischen der erlaubten und der verbotenen Grabzone verstehen lernen. Wenn Sie ihn zu einem eine Stunde alten Loch im Garten führen und „Nein" sagen, wird er das lediglich dahingehend interpretieren, dass Sie von Löchern, Schmutz oder Blumen nicht sonderlich begeistert sind. Erwischen Sie ihn aber, wenn er sich noch bis zu den Ohren in Ihrem Tulpenbeet befindet, wird er Ihre Nachricht richtig verstehen.

Bellen

Hunde können nicht sprechen – und was sie wohl alles zu sagen hätten, wenn sie es könnten! Bellen ist bei Hunden eine Ersatzsprache, was ziemlich frustrierend

Wussten Sie schon?

Sie sollten nicht schreien, rufen, umherspringen oder rennen, wenn Sie wollen, dass Ihr Hund ruhig bleibt! Ihr Beispiel hilft in den meisten Fällen, ihn zu einem erwünschten Verhalten zu bewegen. Beobachten Sie die Reaktion Ihres Hundes – und verhalten Sie sich entsprechend!

sein kann, denn es ist nicht immer deutlich zu erkennen, was Ihr Hund Ihnen zu sagen versucht – ist er aufgeregt, glücklich, ängstlich oder ärgerlich? Was immer er auch ausdrücken will, er sollte niemals fürs Bellen bestraft werden. Eine Modifizierung dieses Verhaltens ist nur dann nötig, wenn das Bellen überhand nimmt und zu einer schlechten Angewohnheit wird. Glücklicherweise sind Englische Bulldoggen nicht so stimmgewaltig wie manche andere Hunde und setzen ihre Stimme auch eher sinnvoll ein.

Wenn mitten in der Nacht ein Fremder in Ihre Wohnung eindringt und Ihr Hund Sie durch sein Bellen vor der drohenden Gefahr warnt, werden Sie darüber bestimmt sehr froh und keinesfalls ärgerlich sein. Sie würden ihn in einem solchen Fall eher als Helden und ehrenvollen Beschützer in den höchsten Tönen loben. Wenn andererseits ein guter Freund vorbeikommt, an der Tür klingelt und dafür ein plötzliches scharfes Bellen erntet, werden Sie dies vermutlich befremdlich finden. Aber ist die Situation hier nicht die gleiche wie im ersten Beispiel? Jemand verlangt Einlass in Ihr Heim, und solange die Tür geschlossen ist, kann Ihr Hund nicht sehen, ob ein Freund oder ein Feind vor der Tür steht – ergo wird er Ihnen durch sein Bellen zu verstehen geben, dass jemand, wer auch immer, sein und Ihr Territorium bedroht. Obwohl Ihr Freund keine Gefahr darstellt, macht das für Ihren Hund keinen Unterschied. Er zeigt Ihnen durch sein Bellen an, dass jemand vor der Tür steht, egal wer. Diese Art von Bellen geht auf ein instinktives Verhalten zurück und sollte nicht unterbunden werden.

Ein übermäßiges und grundloses Bellen ist dagegen ein Verhalten, das so früh wie möglich korrigiert werden muss. Wenn Ihre Englische Bulldogge heranwächst, werden Sie erkennen lernen, wann sie einen Grund zum Bellen hat und wann nicht. Sie werden auch verstehen lernen, welche Art von Bellen welche Bedeutung hat. Beispielsweise wird sich ihr Bellen, wenn jemand vor der Tür steht, deutlich von dem unterscheiden, das Wiedersehensfreude ausdrückt. Das Bellen eines Hundes ist mit den unterschiedlichen Tonlagen der menschlichen Sprache zu vergleichen, nur stützt sich der Hund ausschließlich auf den Ton seines Bellens, denn er kann sich nicht mit Worten verständlich machen. Ein permanenter „Kläffer" lässt sich meistens bereits im Welpenalter erkennen. Es gibt einige Dinge, die einen Hund zum Bellen anregen. Wenn Ihr Hund beispielsweise für einige Minuten ununterbrochen bellt und Sie ihm dann ein Leckerchen geben, um ihn ruhigzustellen, sieht er das als eine Belohnung für sein Bellen an. Er wird von nun an das Bellen mit einer schmackhaften Beloh-

Wussten Sie schon?

Erlauben Sie Ihrem Hund niemals, Sie anzuknurren oder die Zähne zu fletschen. Dieses Verhalten zeigt Dominanz und Aggressivität. Wenn Sie ihn nicht zurechtweisen, wird er dieses Verhalten wiederholen. Wenn Ihr Hund größer wird, kann dies schon sehr angsteinflößend sein und eventuell zu Beißereien führen.

Das Territorium

Ein Hund, der am Gartenzaun bellt, tut kund, dass dies hier sein Revier ist und jeder die Reviergrenze zu respektieren hat. Da Passanten oder der Postbote sowie andere Hunde normalerweise vorbeigehen, gibt das dem Hund das Gefühl, er hätte die „Eindringlinge" mit seinem Bellen vertrieben. So mancher Hund, der das sehr ernst betreibt, reagiert aus Mangel an sinnvoller Beschäftigung so seine überschüssigen Energien ab. Je ausgelasteter Ihr Hund ist, desto weniger sucht er sich selbst einen Zeitvertreib.

nung in Zusammenhang bringen und so lange nicht aufhören, bis er sein Ziel erreicht hat.

Stehlen von Futter

Kommt es vor, dass Ihr Hund Nahrungsmittel vom Tisch stiehlt? Wenn die Antwort Ja lautet, sollten Sie sich die folgende Frage stellen: Ist Ihre Englische Bulldogge hungrig, oder hat sie genau wie andere futterverwöhnte Hunde

Aggression bei Hunden

Aggressive, bissige Hunde – gleich welcher Größe – sind ein ernstes Problem. Geben Sie einen bissigen Hund niemals in unerfahrene Hände ab! Dieser Hund wird sich in seiner neuen Umgebung in der Regel noch aggressiver gebärden, da er seine Stellung im Rudel neu „erkämpfen" muss.

ständig Appetit? Es ist nun einmal eine Tatsache, dass manche Hunde mehr futtermotiviert sind als andere – einige sind derart vom Fressen besessen, dass sie an nichts anderes als an die nächste Mahlzeit denken können. Das Stehlen von Nahrungsmitteln ist darüber hinaus schierer Spaß, der stets eine nette Trophäe verspricht – köstliches Futter!

Das Ziel des Halters ist es deshalb besonders darauf zu achten, wo Lebensmittel abgestellt und aufbewahrt werden, und den Hund bei jedem Versuch des „Futterdiebstahls" angemessen zu bestrafen. Denken Sie aber daran, Ihren Hund nur dann zu bestrafen, wenn Sie ihn auf frischer Tat ertappen und nicht, wenn Sie den Diebstahl erst später entdecken. Das wäre völlig sinnlos und würde nur Verwirrung stiften.

Betteln

Genau wie das Stehlen von Futter ist auch das Betteln bei hungrigen Welpen ein beliebter Zeitvertreib, denn auch hier ist die gleiche Trophäe zu ergattern – Futter! Hunde lernen sehr schnell, dass ihr Halter das „beste Futter" immer für sich selbst zurücklegt und wir Menschen uns nicht allein von trockenem Brot ernähren. Betteln ist eine bedingte Reaktion, die mit einem bestimmten Reiz, einer bestimmten Zeit und/oder einem bestimmten Ort in Zusammenhang steht. Die Geräusche aus der Küche, wo Büchsen und knisternde Verpackungen geöffnet werden, und der Duft von in der Zubereitung befindlichen Lebensmitteln wirken auf einen Hund äußerst anregend, und schon bald sind die Pfoten in der Luft.

Die Lösung dieses Problems ist denkbar einfach – geben Sie dem Betteln Ihres Hundes niemals nach! Sie verwenden Leckerbissen als Belohnungen für gutes Verhalten und das Befolgen von Befehlen, nicht aber für schönes Sitzen in der Küche, Hochspringen, Winseln oder Nasereiben an Ihren Beinen. Beachten Sie jedoch, dass das Verhalten, bevor es schließlich eingestellt wird, vermutlich erst einmal schlimmer wird.

Trennungsangst

Ihre Englische Bulldogge kann ihrem Unmut darüber, dass Sie sie alleine im Haus zurücklassen, durch Heulen, Winseln und andere Lautäußerungen Ausdruck geben. Dies ist eine normale Reaktion, die sich nicht von dem Weinen eines Kindes unterscheidet, das am ersten Schultag in der Schule abgeliefert und dann allein gelassen wird. Tatsächlich kann permanente Aufmerksamkeit der

Auslöser für Trennungsangst sein. Wenn Sie ständig um Ihren Hund herum sind, wird er dies als selbstverständlich erachten, und es wird umso traumatischer für ihn, wenn Sie ihn dann plötzlich alleine lassen. Natürlich genießen Sie es, möglichst viel Zeit mit ihm zu verbringen, denn er gedeiht durch Ihre Liebe und Aufmerksamkeit. Dennoch sollte es nicht zu einem Abhängigkeitsverhältnis ausarten, wo ihm ohne Ihre Anwesenheit das Herz bricht.

Eine Möglichkeit, um Trennungsangst zu kontrollieren ist, Ihr Gehen und Kommen so selbstverständlich wie möglich zu gestalten. Inszenieren Sie keine langatmigen Abschiedsszenen, und halten Sie auch die Begrüßung bei Ihrer Rückkehr so kurz und einfach wie möglich, anstatt ihn mit Aufmerksamkeit zu überschütten. Damit würden Sie seinem unersättlichen „Hunger" nach Aufmerksamkeit nachgeben und es ihm nur umso schwerer machen, wenn Sie das nächste Mal ausgehen.

Eine andere Möglichkeit ist die, ihm einen Leckerbissen zu geben, bevor Sie die Wohnung verlassen. Dieser wird ihn nicht nur für geraume Zeit beschäftigen und ihn vom Alleinsein ablenken, sondern auch dazu beitragen, dass er Ihr Weggehen mit einer positiven Erfahrung in Verbindung bringt.

Sie sollten Ihren Hund in kleinen Schritten an das Alleinsein gewöhnen. Es ist nur natürlich, dass wenn Sie sich auf die Wohnungstür zubewegen und er zu winseln beginnt, Sie Ihrem ersten Instinkt folgen und zu ihm zurück gehen wollen. Genau dies sollten Sie jedoch unbedingt unterlassen. Sie können

Wussten Sie schon?

Ihr Hund leidet, wenn Sie nicht bei ihm sind. Sie merken das natürlich nicht, denn sobald Sie sich wiedersehen, geht es ihm auch wieder gut. Heutzutage halten sich immer mehr Menschen einen Hund, obwohl sie den ganzen Tag berufstätig sind. Sicher können die wenigsten Menschen 24 Stunden am Tag mit ihrem Hund verbringen. Experten raten aber, einen Hund nur höchstens vier Stunden am Tag allein zu lassen, und selbst das ist schon sehr lange!

sicher sein, dass er sich an das Alleingelassenwerden gewöhnt, wenn Sie ihn nach und nach dahingehend trainieren. Seine Angst rührt daher, dass er sich einer ungewohnten Situation ausgesetzt sieht. Wenn Sie eine ungewohnte Situation aber zu einem gewöhnlichen Ereignis machen, wird er lernen, damit umzugehen. Damit soll nicht gesagt sein, dass Sie ihn nun vorsätzlich alleine lassen sollen – er muss jedoch lernen, dass Sie nicht 24 Stunden am Tag an seiner Seite sein können. Wenn Ihr Hund allein zu Hause ist, sollte er sich in seiner Hundebox oder in dem ihm zugeteilten Wohnungsbereich aufhalten. Dort fühlt er sich gewöhnlich am wohlsten, was ihm das Alleinsein erheblich erleichtert.

Koprophagie (Kotfressen)

Das Fressen von Kot ist für die meisten Menschen eine der abstoßendsten Verhaltensweisen, die ein Hund entwickeln kann, obwohl er dies als völlig normal erachtet. Für uns ist es schwer zu verstehen, warum ein Hund Gefallen am Geschmack seines eigenen Kotes findet. Gründe dafür können sein, dass seinem Futter bestimmte Nährstoffe fehlen, in zu geringen Mengen enthalten sind, dass er schlicht und einfach hungrig ist oder dass er durch den (für einen Hund) verlockenden Geruch dazu angeregt wird. Obwohl sich der Begriff Koprophagie in den meisten Fällen auf das Fressen des eigenen Kotes bezieht (Autokoprophagie), gibt es auch Fälle, in denen Hunde genauso gerne den Kot anderer Hunde oder Haustiere fressen. Tierärzte haben herausgefunden, dass

schwerverdauliche Futtersorten mit wenig Ballaststoffen und einem hohen Stärkegehalt Koprophagie fördern. Somit kann eine ballaststoffreiche Ernährung dazu beitragen, dass der Hund das Kotfressen einstellt. Die Konsistenz des Kotes (wie fest er sich im Maul des Hundes anfühlt) als auch darin enthaltene unverdaute Nährstoffe fördern das Kotfressen. Oftmals finden Hunde den Kot von Katzen und Pferden schmackhafter als den anderer Hunde. Wenn Ihr Hund durch Kotfressen Durchfall entwickelt, wird er dieses geschmacklose und befremdliche Verhalten umgehend einstellen, denn die meisten Hunde fressen nur festen Kot.

Um Koprophagie zu unterbinden, sollten Sie sich versichern, dass sein Futter alle benötigten Nährstoffe enthält und er auch täglich ausreichende Mengen erhält. Wenn eine Ernährungsumstellung nicht den gewünschten Erfolg erzielt und keine medizinische Erklärung für das Verhalten zu finden ist, können Sie es in seiner Entwicklung nur noch durch eine kotfreie Umgebung unter Kontrolle bringen. Der beste und sicherste Weg ist der, Ihrem Hund gar nicht erst die Möglichkeit zum Kotfressen zu geben – halten Sie seinen Toilettenplatz stets sauber. Was nicht da ist, kann er nicht fressen. Das Bestrafen von Kotfressen ist nur selten erfolgreich. Tierärzte empfehlen stattdessen den Hund während des Kotfressens abzulenken. Koprophagie tritt am häufigsten bei Welpen in einem Alter von sechs bis zwölf Monaten auf, legt sich jedoch normalerweise von alleine, sobald der Hund ein Jahr oder etwas älter ist.

Register

Seitenzahlen in **Fettdruck** stehen für Abbildungen.

Aggressivität 145
– dominante 147
– gegen andere Hunde 146
Akrodermatitis 112
Aktivitätsgrad 28
Aldridge Advent Gold 25
Aldridge-Zwinger 25
Allergien
– autoimmune 114
– Futter 114
– Pollen 114
Alter 85
American Kennel Club
– Adresse 143
Ancylostoma caninum 126, **127**
Angstperiode 60
Anspringen 150
Ascaris lumbricoides 126
Atmungsprobleme 29
Aufreiten 149
„Aus" 150
Ausstellungschampion 140
Auswahl eines Welpen 41
Außenparasiten 116
Axelrod, Dr. Herbert R. 125
Baden 71
Bandwürmer 125, 127, **128**
Bärenkämpfe 16
Beerdigung 135
Beißen 44
Bellen 151
Belohnungen 94, 103
Besteigen 149
Bestrafung 93, 148
Betteln 153
Bewegung 28, 70
„Bleib" 98
Boxentraining 90
Braune Hundezecke **124**
Britishpride-Zwinger 27

Bulldog Club of America 23, 33
Bulldoggen-Club 19, 23
Bullenkämpfe 12, 17
Bürsten 71
Champion 140
Championatsausstellungen 140
Charakter 27
Cheyletiella 125
Cook, Jack und Kathleen 25
Conoravirus 111
Cotton, Les und Ellen 25
Crib 21
Cruft's-Dog Show 139
Ctenocephalides **119**
Ctenocephalides canis **116**
Decken 49
Dermacentor variabilis **122**
Devonshire, Duke of 16
Dirofilaria immitis **129**
Disziplin 92
Dominanzaggressivität 147
Donald 23
Echinococcus multilocularis 127
Einführung in die Familie 57
Ektoparasiten 116
Ektropium 32
Ellbogengelenksdysplasie 32
Endoparasiten 125
Entropium 32
Entwicklungsschema 85
Entwurmen 125
Erste Hilfe 113
Erziehung 61
– Ausrüstung 93
Esclusham-Zwinger 27
Euthanasie 135
Farbe 30, 43
Fédération Cynologique Internationale (FCI) 142
– Adresse 143
Flöhe 116, 121

– Lebenszyklus 117, **120**
Fressnäpfe 52
Futter
– Allergien 114
– Belohnung 94, 103
– für ältere Hunde 69
– für erwachsene Hunde 69
– für Welpen 66
– Stehlen 153
– Unverträglichkeiten 115
Fütterung 65
„Fuß" 101
Gehorsamstraining 80, 103
Geschichte 9
Geschlecht 30, 43
Gesundheitsprobleme 31
Goodwin, Bill und Margaret 27
Graben 150
Hakenwürmer 126, **127**
– Larve **127**
Halsband 52, 93
Haltungsvoraussetzungen
Hautprobleme
– angeborene 111
Hayball, Harold und Audie 26
Hepatitis 111
Herzwürmer 127, **129**
Hinks, James 23
Hirschbock **123**
Hitze 29, 149
Hochspringen
Hüftgelenksdysplasie 130
Hundebox 47, 64, 76, 90
Hundefloh **116**
Hundepension 78
Hundezecke 123
Identifikation 79
Impfschema 109
Impfungen 109
Innenparasiten 125
Kämpfe 16
Kastration 110

Katze 93
Kauen 30, 88, 149
Kauspielzeug 149
Kennel Club, The (KC)
– Adresse 143
Kinder 28
King Dick 23
Kirschauge 31
Kniescheibenverrenkung 32
Knochen 50, 149
Kolostralmilch 66
„Komm" 99
Kommandos 95
Konformation 21
Koprophagie 155
Körpersprache 145
Kotfressen 155
Krallenschneiden 74
Kuhn, Dwight R. 121
Lamphier, Jacob 19, 23
Langeweile 151
Läufigkeit 29, 149
Läuse **124**
Lebenserwartung 131
Lebenszyklus von Flöhen 120
Leckerbissen 94, 103
Leine 51, 93
Leptospirose 111
Lupus 114
Milben 121, **124**
– Befall 74
Milch 67
Negative Verstärkung 148
New, Peter und Jackie 27
New Rock-Zwinger 27
Noways Chuckley 26
Ocobo Royal Heritage of
 Britishpride 27
Ocobo Skipper 27
Ocobo-Zwinger 27
Offene Ausstellungen 141
Ohrenreinigen 73

Parasiten
– Außen- 116
– Bisse 114
– Innen- 125
Parvovirose 111
Patellaluxation 32
Pearson Westall's Zwinger 25
Philo Kuon 21
Physische Merkmale 19
„Platz" 96
Price, Brenda 27
Pollenallergie
Psoroptes bovis **124**
Räude 125
– Milben **124**
Reisen 76
– im Auto 77
– im Flugzeug 78
Rhabditis **126**
Rhipicephalus sanguineus **124**
Richter 142
Robinson Crusoe 23
Rockstro, R.S. 23
Rosa 21
Sexualverhalten 148
„Sitz" 95
Sozialisierung 59
Spezial-Ausstellungen 141
Spielzeug 50, 149
Spulwürmer 125, **126**
Standard 33
Staupe 111
Stehlen von Futter 153
Stubenreinheit 83
– Zeitplan 90
Temperament 15, 28, 42
Thorndike, Dr. Edward 92
Thorndike'sche Theorie vom
 Lernen 92
Tollwut 111
Toxocara canis 125
Tracheobronchitis 109, 111

Training
Trainingszubehör
Trennungsangst 64, 133, 154
Treue 28
Übergewicht 71, 133
Überlegungen zur Gesundheit
 31
Uncinaria stenocephala 126
Unterbringung 78
Ursprung 11
Verantwortung des Halters 28
Vererbbare Hautkrankheiten 111
Verhalten
– Probleme 144
– Sexual- 148
– zerstörerisches 149
Verlängertes Gaumensegel 32
Verner, Sir William 23
Vorbereitungen zu Hause 46
Vorführen 142
Wasser 70
Wassernäpfe 52
Weinen 63
Welpe
– Auswahl 41
– Einführung in die Familie 57
– Erziehung 81
– Futter 66
– Gesundheit 107
– Probleme 59, 62
– Sicherheit 55
Winseln 63
Würgehalsband 52
Zäune 56
Zecken 121
Zerstörerisches Verhalten 133
Züchter 39, 41, 44
– frühe 21, 23
Zuschnappen 63
Zwingerhusten 109, 111

Meine Englische Bulldogge

Hier ist Platz für Ihr erstes Welpenfoto!

Name des Hundes _____

Datum _____ **Fotograf** _____